本书得到国家自然科学基金项目"企业员工工作疏离感影响因素、形成机制及干预策略实证研究"(71272210)、四川省川菜发展研究中心项目"深度老龄化趋势下餐饮从业人员主动服务行为的提升策略研究"(CC23G01)、四川旅游学院成都市哲学社会科学研究基地成都绿色低碳发展研究基地项目"绿色低碳视域下旅游主动服务行为的发生机制及可持续策略研究"(LD2024Z23)资助

组织变革下的工作氛围与效果研究

董甜甜 陈维政 著

四川大学出版社

图书在版编目（CIP）数据

组织变革下的工作氛围与效果研究 / 董甜甜，陈维政著. -- 成都：四川大学出版社，2025.5
ISBN 978-7-5690-6910-5

Ⅰ.①组… Ⅱ.①董… ②陈… Ⅲ.①企业组织－组织管理学－研究 Ⅳ.①F272.9

中国国家版本馆CIP数据核字（2024）第103947号

书　　名：组织变革下的工作氛围与效果研究

Zuzhi Biange xia de Gongzuo Fenwei yu Xiaoguo Yanjiu

著　　者：董甜甜　陈维政

选题策划：徐　凯
责任编辑：徐　凯
责任校对：毛张琳
装帧设计：李　野
责任印制：李金兰

出版发行：四川大学出版社有限责任公司
　　　　　地　址：成都市一环路南一段24号（610065）
　　　　　电　话：（028）85408311（发行部）、85400276（总编室）
　　　　　电子邮箱：scupress@vip.163.com
　　　　　网　址：https://press.scu.edu.cn
印前制作：四川胜翔数码印务设计有限公司
印刷装订：四川五洲彩印有限责任公司

成品尺寸：148mm×210mm
印　　张：7.625
字　　数：165千字

版　　次：2025年5月第1版
印　　次：2025年5月第1次印刷
定　　价：56.00元

本社图书如有印装质量问题，请联系发行部调换

版权所有 ◆ 侵权必究

扫码获取数字资源

四川大学出版社
微信公众号

目 录

绪 论 ……………………………………………… 1

第一章 组织变革与工作不安全氛围文献综述 ……… 15
第一节 组织变革研究回顾 …………………… 15
第二节 工作不安全氛围研究回顾 …………… 29
本章小结 …………………………………… 47

第二章 研究模型与研究假设 …………………… 49
第一节 研究模型与研究设计 ………………… 49
第二节 工作不安全氛围在组织变革与变革效果之间的中介作用 ……………………… 51
第三节 变革型领导与变革管理的调节作用 …… 60
本章小结 …………………………………… 65

第三章 组织变革量表和变革管理量表修订 ……… 66
第一节 组织变革量表修订 …………………… 67
第二节 变革管理量表修订 …………………… 102
本章小结 …………………………………… 125

1

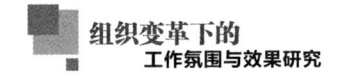

第四章 工作不安全氛围在组织变革及其效果间的中介作用 …… 126
 第一节 研究变量的关系模型与研究假设 …… 127
 第二节 测量方法与测量工具 …… 128
 第三节 调查过程与研究样本概况 …… 131
 第四节 数据预处理 …… 135
 第五节 测量工具的信度、效度检验 …… 138
 第六节 研究假设验证 …… 139
 本章小结 …… 165

第五章 变革型领导与变革管理的调节作用 …… 168
 第一节 研究变量的关系模型与研究假设 …… 168
 第二节 测量方法与测量工具 …… 170
 第三节 调查过程与研究样本概况 …… 172
 第四节 测量工具的信度、效度检验 …… 172
 第五节 研究假设验证 …… 173
 本章小结 …… 188

研究结论与管理启示 …… 194

参考文献 …… 210

绪　论

一、研究背景与研究问题的提出

（一）研究背景

1. 组织变革日益常态化与持续化

随着科技的迅猛发展和竞争的日益激烈，组织变革本身也呈现出新的特征。

首先，组织变革更为常态化。近年来，全新的经济形势及世界产业变革为我国企业的转型升级和创新发展带来了重大机遇。一方面，部分发达国家实施"再工业化"战略，积极再创制造业优势。这种全球产业竞争格局的调整带来的竞争环境的激烈变化，促使发展中国家进行产业调整和升级，以吸引资本和产业进入。另一方面，第四次工业革命对企业的生产和管理提出了全面整合的要求。企业往往需要通过变革来提升竞争优势，以应对生存与发展的压力。从并购重组、管理职能调整，到日常工作流程的改进和优化，组织变革日益频繁甚至常态化，特别是近年来我国全面深化改革按下了快进键，这进一步促进了我国企业生产与管理的改进以及产业价值链的更新。

其次,变革逐渐从组织管理活动中偶发的激进式变革事件变成了企业经营者更为主动的、持续的管理行为(张敬伟等,2020)。中国企业家调查系统2015年发布的《中国企业家成长与发展专题调查报告》显示,在回答"为了企业更好地发展,企业未来一年应着重采取的措施"这一问题时,企业经营者选择比例过半数的三个选项分别为"加强管理降低成本"(64.5%)、"增加创新投入"(58.4%)、"引进人才"(50%),企业经营者选择比例近30%的选项分别为"开拓国内市场"(35.7%)、"更新设备"(33.1%)、"开拓国际市场"(28.7%)、"加强企业文化建设"(28.2%)、"改变经营模式"(27.2%)、"减少用工"(26.9%)。这一结果表明,中国企业家正在主动进行持续的变革(郑博阳,2018)。

2. 工作不安全氛围视角的组织变革与变革效果的中介机制研究关注度不够

变革是组织提升竞争优势,应对生存与发展压力的重要举措。企业界与学术界对组织变革、变革效果及相关机制的研究一直颇为重视,研究成果也颇为丰富。随着变革的深入,组织变革效果影响因素的研究视角也从变革内容和情境因素如持续性变革(张敬伟,2022)和组织因素如组织学习(王重鸣等,2011)、组织创新惰性(余薇等,2022)等视角逐渐延伸到变革中人的因素,员工不再被视为传统观念中的变革的被动接受者,而是成为变革中的活跃角色,可以影响组织变革的成败(Oreg,2018),一系列实证研究也证实了类似的观点。员工的变革应对方式（郭灿云，2011）、员工的工作重塑（Petrou，2018）引起了学者的研究兴趣，虽然该类研究肯定了员工的态度和行为对变革效果的影响，员工变革反应相关研究也日益完善，但该类研究对员工变革态度和行为背后的源泉的探究仍显不足（李作战，2009）。探究影响员工的态度和行为进而影响变革效果的重要因素是企业发展不可忽视的研究课题。

忽视变革中组织成员的需求将引发员工消极对待变革，甚至抵制变革（Brotheridge，2003；Moric 等，2022）。变革往往涉及对员工工作内容和工作关系的调整（Tims 等，2012），伴随着对员工的工作甚至个人生活的影响，从实践效果来看，有些变革并没有达到预期的目标（Rofcanin 和 Unanoglu，2012），反而使员工对工作以及未来的发展产生不安全的感受（Sverke 等，2002；Moric 等，2022）。工作不安全感作为员工对当前工作的可存续性和稳定性受到威胁而缺乏控制的主观感知，是对员工基本的安全需求的破坏，势必会影响员工对变革的态度和行为。这有可能让员工面对变革时消极对待，如无法在新的任务上充分履行工作职责，并保持工作投入，甚至可能产生变革抵制，进而导致组织变革失败（Szamosi 和 DuXbury，2002）。

工作不安全感通常被视为个体现象，反映了个体对自身现有工作和重要工作特征可存续性的担忧。然而，由于工作不安全感的体验出现在工作场所这个固定的社会情境中，工作不安全感也具有社会属性，可以表现为一种氛围（Allen等，2003；Sora等，2009；Yüce-Selvi等，2023）。一个现象同时具有个体属性和社会属性并不鲜见，例如，恐惧可以作为一种个体的情绪体验，也可以作为一种令人恐惧的氛围而存在，它被定义为"在工作场所里的一种普遍的恐惧体验"（Ashkanasy和Nicholson，2003）。工作不安全感这种个体感知也可能在组织成员对组织未来的谈论中发酵、扩散，在组织成员中形成缺乏工作安全的共同认知（Sora等，2009），在组织内形成一种普遍的工作不安全的氛围（Låstad等，2015；Yüce-Selvi等，2023）。

这种群体的不安全感和普遍存在的氛围会对个体和组织产生影响。首先，工作不安全氛围作为一种组织线索和信息，会导致个体更多地关注组织中不安全的一面，引起"皮之不存，毛将焉附"的担忧；其次，当个体发现自己对工作的感知与群体中共同建构的感知不同时，可能会基于群体认同的压力而改变自己的想法以与其他人保持一致，这可能导致不安全感的进一步扩散。也有学者认为，在集体主义文化中，群体的工作不安全氛围比个体的工作不安全感对个体行为的解释力度更大（Sora等，2009）。因此，相较于工作不安全感引起的个体对组织变革抵制的影响程度，工作不安全氛围导致的群体对组织变革的抵制，其影响程度可能更为突出。

3. 工作不安全氛围相关研究需要拓展

虽然目前已有很多专家学者在工作不安全感领域进行了深入广泛的研究，但研究多聚焦在员工对当前自身工作的可存续性和稳定性受到威胁而缺乏控制的主观感知上，并没有考虑工作不安全作为工作场所的共同认知或者一种工作场所普遍存在的氛围的情境（Sora等，2009；Hsieh和Kao，2022）。从Sora等（2009）提出工作不安全氛围概念以来，西方学者已经开始关注这一视角，并陆续发表了一些研究成果。近些年来，在组织不断变革（Petrou等，2018）、工作环境充满不确定性的前提下，工作不安全氛围逐渐成了新的研究热点。但已有研究主要集中在对工作不安全氛围作用结果的探讨上，对工作不安全氛围是如何产生的、如何对其进行防范尚不明确，且国内学者对该方面的研究还比较欠缺，尚有很多问题有待解决，具体而言：

首先，对工作不安全氛围的前因变量的探讨仍很欠缺。以往工作不安全感的研究中，组织变革是个重要的前因变量，但相关研究通常仅局限在激进式变革上，用裁员等激烈的关键事件来代表和测量组织变革。随着变革逐渐从组织管理活动中的偶然现象变成企业经营者更为主动的持续的管理行为，相较于以往将激进式变革与持续式变革割裂的研究状况，在组织变革内涵更为丰富、内容更为复杂的背景下，我们需要更为丰富的组织变革概念和组织变革测量量表，以便涵盖大规模、根本性的变革，也包括组织为适应变化而不断做出调整的持续式变革，从而探讨不同的组织变革及其维度对工作不安全氛围的影响。

其次，工作不安全氛围产生的边界条件仍不明确，可以防范产生工作不安全氛围的措施仍未找到。以组织变革情景为例，变革对工作不安全氛围的影响受哪些因素影响？在组织变革过程中，谁来领导变革与如何管理变革是两个关键问题。已有研究发现变革型领导以及适当的变革管理措施对促进变革效果均有积极的作用。那么变革型领导和适当的变革管理措施能否防止工作不安全氛围的产生？这些因素是否因为防止了组织变革中工作不安全氛围的产生，而有效提升了组织变革效果？对于这些问题学术界尚未有明确的答案。因此，深入探究有利于防范工作不安全氛围的领导风格和组织变革管理措施具有重要的理论与实践意义。

最后，工作不安全氛围的后效研究仍需拓展，其对绩效的作用亟待明确。已有的工作不安全氛围研究主要集中在对其作用结果的探讨上，但结果变量主要为个体的态度和心理感受，如情绪耗竭、工作满意感等（Hsieh 和 Kao，2022），对于工作不安全氛围对变革效果的影响仍缺乏答案。同时，绩效是推动组织发展的根本保障，也是组织变革最常用的效果评价指标，一直以来备受学术界和实践界的广泛关注。然而，工作不安全氛围对组织绩效和员工绩效的作用尚不明确。对组织氛围的探讨不能忽略特定氛围，尤其是特定的消极氛围（张晓怿，2016）。因此，关注作为消极氛围的工作不安全氛围对绩效的影响是企业发展不可忽视的重要课题。近年来，在组织不断变革和工作环境充满不确定性的前提下，工作不安全氛围作为影响员工态度和行为的重要因素引起了研究者的关注（Hsieh 和 Kao，2022）。因此，深入探究工作不安全氛围和绩效的关系具有重要的理论与实践意义。

(二) 研究问题的提出

基于以上研究背景，本研究旨在探讨组织变革这个重要前因对工作不安全氛围的影响和作用边界、工作不安全氛围对变革效果的影响，并在此基础上探讨工作不安全氛围在组织变革和变革效果间的中介作用，提出防范工作不安全氛围的策略。具体问题包括：

第一，组织变革对工作不安全氛围和变革效果有什么样的影响？能否找到影响工作不安全氛围的核心变革内容？

第二，工作不安全氛围对变革效果有什么样的影响？工作不安全氛围在组织变革及变革效果之间是否起到中介作用？

第三，组织变革对工作不安全氛围的作用受哪些因素的影响？工作不安全氛围在组织变革及变革效果间的作用受哪些边界条件的约束？通过文献分析，本研究将变革型领导和变革管理引入工作不安全氛围研究，分析上述两个因素在组织变革与工作不安全氛围之间是否起到调节作用，以及上述两个因素是否会对工作不安全氛围在组织变革与变革效果间的关系起到调节作用。

第四，组织应该采取什么样的策略和方法防范和管控工作不安全氛围的消极作用？

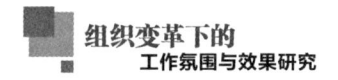

二、研究目的与研究意义

（一）研究目的

本研究希望探明组织变革对工作不安全氛围的影响和作用边界、工作不安全氛围对变革效果的影响及工作不安全氛围在组织变革和变革效果间的作用，为企业管控工作不安全氛围、提升组织变革效果提供理论依据和实践指南。

第一，分析并实证检验组织变革及其维度对工作不安全氛围和变革效果的影响，找出影响工作不安全氛围和变革效果的最突出的变革维度，帮助企业管理者了解不同的组织变革维度对工作不安全氛围和变革效果的影响，并针对不同的变革维度采取相应的管理措施。

第二，探明工作不安全氛围对变革效果的影响，分析并实证检验工作不安全氛围在组织变革及变革效果之间是否发挥中介作用，明晰组织变革对工作不安全氛围和变革效果产生影响的内在路径，对组织变革影响变革效果的黑箱机制作进一步的解释，为企业提升组织变革的效果提供理论依据。

第三，分析并检验变革型领导和变革管理在组织变革与工作不安全氛围之间的调节作用，以及对工作不安全氛围在组织变革与变革效果间的中介效应的调节作用。

第四，在实证研究的基础上，充分认识工作不安全氛围在组织变革中的消极影响。探明如何有效防范和管控工作不安全氛围。

（二）研究意义

1. 理论意义

（1）将工作不安全氛围引入组织变革及其效果的中介机制研究，一定程度上揭示了组织变革的影响作用黑箱。目前学术界对组织变革及其效果的中介机制研究多集中在对组织学习或个体应对等行为变量的影响作用上。在组织变革频繁和工作环境充满不确定性的背景下，工作可存续性的保障是员工最基础的安全需求。工作不安全氛围的中介研究视角探讨了影响组织行为和员工行为的根源，可能更接近组织变革影响效果的本质。同时，已有的对工作不安全感的研究都聚焦在员工对当前自身工作的可存续性和稳定性受到威胁而缺乏控制的主观感知上，大多数没有考虑将工作不安全感作为工作场所的共同认知或工作场所普遍存在的氛围情境（Sora 等，2009；Hsieh 和 Kao，2022）。本书回应了对加强工作不安全氛围方面研究的呼吁（Låstad 等，2015；Hsieh 等，2022），拓展了工作不安全感领域的研究。

（2）对组织变革量表进行了修订，修订之后的量表涵盖了更为丰富的组织变革内涵，维度划分也体现了对员工工作生活影响程度的差异，有利于研究者更有针对性地找到变革结果的预测变量，提出更有效的组织变革干预策略。基于修订后的组织变革量表，从"管理改进""市场导向""裁员重组"三个维度逐一论述了其对工作不安全

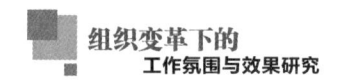

氛围的影响，既能全面考察组织变革不同维度的影响效果，也能识别影响工作不安全氛围的最关键的变革维度，丰富了工作不安全氛围前因变量的研究。

（3）对变革管理量表进行了修订，一定程度上有利于突破西方的变革管理范式。由于变革管理涉及组织和员工双方的互动，本研究从组织和员工两个视角展开，最终形成了"组织支持""员工参与"两个维度，丰富了变革管理具体维度的研究。

（4）将变革型领导与变革管理引入工作不安全氛围的研究，通过变革型领导与变革管理，分别回答了变革执行过程中谁来领导变革与如何执行变革的问题。研究结果表明，变革型领导和变革管理在组织变革与工作不安全氛围的关系中均起到显著负向调节作用，能够有效防范和管控工作不安全氛围，并对组织变革的效果产生积极影响，丰富了工作不安全氛围边界条件的研究。

2. 实践意义

本研究在企业变革日益频繁且常态化的背景下，探讨了不同维度的组织变革对变革效果的影响及作用机制，可以为我国企业的变革实践提供如下启示：

（1）有利于组织重视工作不安全氛围在组织变革及其效果间的消极影响，对我国企业进一步提升变革效果具有一定的现实意义。

（2）有助于企业管理者了解不同的组织变革维度对工作不安全氛围及变革效果的影响，可以针对不同的变革维度采取相应的管理措施。

(3) 通过实证研究检验了变革型领导与变革管理在组织变革影响工作不安全氛围中的调节作用，找到了组织变革影响工作不安全氛围的边界条件和情境因素，从日常管理和变革当下管理的角度为管理者提供建议，梳理出适当的变革管理方式，以便管理者将之作为选择和培养变革领导者的标准，帮助企业取得积极的变革效果。

(4) 根据实证分析的结果，归纳整理了预防工作不安全氛围、提升变革效果的管理策略，为企业管理者提供了可行的管理建议，也为员工提供了在组织变革和工作不安全氛围的情景下提升个体绩效的应对方式。

三、研究内容与研究方法

（一）研究内容

本研究聚焦于核心变量工作不安全氛围，在文献研究的基础上，梳理了工作不安全氛围的内涵、类型和维度，归纳和提炼了组织变革这个重要的影响因素，并在此基础上构建了工作不安全氛围的影响因素及作用结果的综合研究模型。同时，在梳理分析组织变革、变革管理相关文献的基础上，依据问卷修订的流程对组织变革量表和变革管理量表进行了修订，探讨了组织变革、工作不安全氛围和变革效果之间的关系，分析验证了工作不安全氛围在组织变革及其效果间的中介作用，指出该中介机制受变革型领导和变革管理的调节作用的影响，依据研究结论就如何管控工作不安全氛围、提升组织变革效果提出对策建议。具体的研究内容如图 0-1 所示：

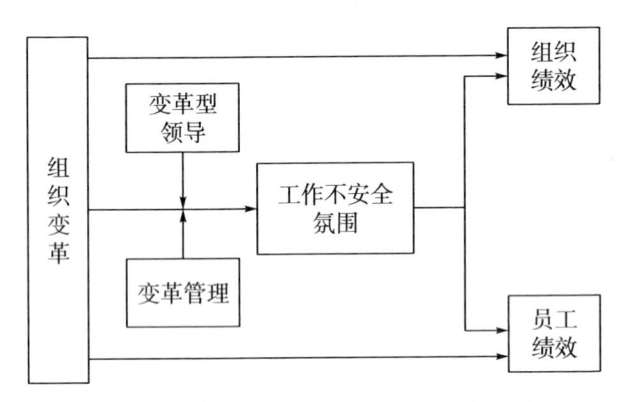

图 0-1　工作不安全氛围影响因素及作用结果的综合研究模型

具体研究步骤如下：

(1) 梳理了工作不安全氛围的相关研究，包括工作不安全氛围的概念、类型、维度、测量方法以及影响因素和作用结果，并构建了组织变革作为前因、工作不安全氛围作为中介、组织变革效果作为结果变量的综合研究模型。

(2) 基于国内外的组织变革研究，按照量表修订的流程和方法，修订了组织变革量表和变革管理量表，为实证研究打下基础。

(3) 分析并通过实证研究检验了工作不安全氛围在组织变革及其效果间的中介作用。首先分析并验证了组织变革及其维度对工作不安全氛围的影响，找出影响工作不安全氛围的最突出的变革维度。其次，探讨了组织变革和工作不安全氛围对变革效果的影响。最后，验证工作不安全氛围在组织变革及其效果间的中介作用，进一步明晰组织变革对工作不安全氛围和变革效果产生影响的内在路径。

(4) 分析并实证检验了变革型领导与变革管理的调节作用。首先分析实证并检验变革型领导和变革管理在组织变革与工作不安全氛围间的调节作用，找到组织变革影响工作不安全氛围的边界条件。其次分析并实证检验工作不安全氛围在组织变革与变革效果间的中介效应是否受到变革型领导和变革管理的调节作用的影响。

(5) 在实证研究的基础上，就如何防范工作不安全氛围，提升组织变革效果提出对策建议。

(二) 研究方法

本研究主要运用了文献研究法、访谈法、问卷调查法、数据分析法。

1. 文献研究法

通过阅读大量的文献，对与组织变革、工作不安全氛围、变革效果相关的文献进行整理和分析，总结了当前的研究现状和研究成果，明确了研究方向和要解决的问题。

2. 访谈法

深入企业调研，通过对企业管理者和普通员工的访谈，了解企业中工作不安全氛围的具体表现形式、影响因素及结果。在正式访谈前，针对设计好的访谈提纲与人力资源及组织行为学领域的专家进行讨论，并通过预访谈进一步确定访谈问题的可理解性和有效性。

3. 问卷调查法

按照量表修订的方法和程序，修订了组织变革量表和

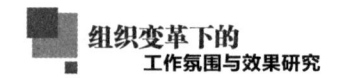

变革管理量表。根据数据分析的结果，可以确定修订后的量表具有较高的信度、效度。将修订的量表与工作不安全氛围、变革型领导、组织绩效与员工绩效等其他变量的测量量表合并在一起，制成一份调查问卷，发放问卷后共获得685份有效问卷，随后对理论假设进行验证，探索变量之间的关系。

4. 数据分析法

运用统计分析法分析变量之间的关系，主要运用SPSS软件对数据进行初步分析，包括描述性统计分析、变量间的相关性分析、独立样本T检验、单因素方差分析、探索性因子分析、变量的信度和效度检验、回归分析等，通过AMOS软件进行验证性因子分析，利用MPLUS软件和SPSS宏程序PROCESS，通过Bootstrap方法进一步对中介效应进行检验。

第一章 组织变革与工作不安全氛围文献综述

第一节 组织变革研究回顾

组织变革是企业管理研究领域一个经久不衰的话题，在过去相当长的一段时间里，由于社会发展速度较缓，组织的内外部环境相对稳定，变革常常被人们看作组织管理活动中的偶发现象。随着科技的迅猛发展和全球化竞争的日益激烈，组织变革也呈现出新的特征。首先，从并购重组、管理职能调整，到日常工作流程的改进和优化，组织变革日益频繁甚至常态化。其次，变革逐渐从组织管理活动中偶发的激进式变革事件变成了企业经营者更为主动的持续的管理行为。

一、组织变革的概念

当前，学术界对组织变革的理解和描述众多，部分研究者从组织变革的性质视角对其进行了界定，认为组织变革体现为一系列离散的和机械的事件（Meyer 和 Stensaker，2006；Yeo，2009）。一些研究者将组织变革界定为关键事件（Morgan 和 Zeffane，2003），用具有代表性的特殊事件来代表组织变革，如重组事件、国有企业私有化、使用新技术等。在以往的个体工作不安全感影响因素研究中，通常以劳动力缩减这一关键事件代表组织变革。基于性质视角的组织变革研究过多地关注状态性的研究和独立的变革事件，虽然获得了较为丰富的研究成果，却忽略了情境变量和变革的动态性，且对单一类型事件或某个独立变革内容的关注并不利于我们认识组织变革的全景，也造成了研究的片面和局限。

基于组织变革过程视角的研究者认为变革是一个持续的过程，而不是给定时间段中发生的一系列线性事件（Burnes，1996）。Tsoukas 和 Chia（2002）进一步提出这种持续的组织变革也是组织的成长。基于此观点，早期的研究者关注从变革过程的阶段性来理解和界定组织变革。如变革之父 Lewin（1947）认为组织变革就是打破原有的准平衡而建立新的准平衡的过程，并借用力场分析法分析了组织变革的原因和过程，提出了著名的变革三部曲理论。如 Kotter（1995）提出的"创造紧迫感、建立强大的指导团队、创造变革愿景、沟通愿景、排除障碍、创造短期成功、依赖变革、在企业文化中锚定变革"的组织变革八阶段模型，Bullock 和 Batten（1985）提出的组织变革的"探索、计划、行动和整合"四阶段模型等都是从过程视角对组织变革进行的理解和界定。近年来这种阶段式的组织变革描述由于过于线性，忽略了变革过程的持续循环而受到批判（Cameron 和 Green，2009），对此有研究者提倡应对组织变革作更加动态和过程导向的解释（Alas，2007）。

也有研究者从变革内容的视角对组织变革进行了区分和界定。该视角早期的研究角度较窄。如 Leavitt（1965）认为组织变革是组织结构的变革、人员的变革和技术的变革。Mosher（1967）指出组织变革是组织结构有计划地变迁，包括职位的增加、任务的重新安排、现职人员的更迭、预算的增减等。20 世纪 90 年代以后，该研究视角有了较大的突破，组织中的成员行为、文化、结构、流程以及策略等组织构成要素所发生的变化均被看作组织变革的内容。关于组织变革内容的研究逐渐涉及了所有打破组织平衡和稳定状态的构成要素的变化。如 Kotter（2003）提出组织变革是指采用新科技、改变重要策略、流程再造、兼并、重组不同部门，试图大幅度提升创新能力以及改变组织文化。随着组织变革的常态化和复杂化，组织变革概念日益丰富，研究者从组织、群体、个体多个不同的层面来观察和界定组织变革，如 Hede（2004）认为组织变革是对组织的结构、系统或过程进行的有计划或者无计划的变革，可以发生于个体、群体、组织甚至更宏观的层面。组织层次的变革既包括连续的组织发展或演进，又包括间断的战略调整、业务流程重组等革命式变革；群体层次的组织变革包括连续的群体演变，也包括团队重组、团队间冲突等间断的重大变革；个体层次的组织变革表现为组织

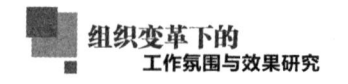

中各项人力资源管理职能的变化以及相应的员工反应（Burke，2008；王玉峰等，2016）。

二、组织变革的类型

（一）渐进式变革和激进式变革

组织变革依据变革程度和变革执行速度的不同可分为渐进式变革和激进式变革（Huy等，2014）。渐进式变革又称为一阶变革，是组织在现有模式的基础上相对缓慢地做出幅度和规模较小的改变和调整。渐进式变革过程也是组织在战略、流程、人员和结构等方面持续不断的匹配过程。组织通过相对缓慢的、局部的调整，以实现旧模式向新模式的转变，从而促进组织持续适应。渐进式变革并不会让企业系统产生根本性的改变，在必要的情况下，变革结果是可以逆转的。激进式变革也称为二阶变革，是快速的、全面的革命性变革。在激进式变革过程中，组织采取彻底的变革措施，在短时间内对组织进行大范围、大幅度的调整，并迅速建立全新的组织模式。对旧有组织模式的颠覆使得激进式变革具有一定的破坏性，对新模式的快速建构和渗透也经常与风险和困难相关，因此激进式变革往往需要强有力的实施手段（Huy等，2014）。研究表明，渐进式变革和激进式变革对企业整体和员工心理感受的影响存在显著差异（朱苏丽等，2022），因此有必要从该角度对变革情境进行区分。

（二）偶发式变革与持续式变革

依据变革发生频率的不同，组织变革可以划分为偶发式变革（Episodic Change）与持续式变革（Continuous Change）。基于组织惯性理论，偶发式变革被认为是由于组织结构不能适应环境而引发的罕见的、不连续的、时点精确的事件，是对组织平衡状态的干扰（Weick 和 Quinn，1999）。基于自组织理论，持续式变革被认为是由组织的不稳定和组织对日常事件的反应而引发的持续的、不间断的调整。持续变革理论发源于外部环境变化加速给组织适应带来的现实挑战，以及研究者对传统组织变革理论的反思（张敬伟等，2020），一些研究者认为这种持续的调整是组织变革的本质（Weick 和 Quinn，1999），Tsoukas 和 Chia（2002）也把这种持续的组织变革称为组织成长（Organizational Becoming），这些研究丰富了组织变革的内涵。

三、组织变革内涵的评述和界定

基于变革性质视角的组织变革研究过多地关注独立的变革事件和状态，虽然获得了较为丰富的研究结果，但忽略了情境变量和变革的动态性，且关注单一类型的事件或某个独立的变革内容并不利于我们认识组织变革的全景，使研究带有片面性和局限性。组织变革是一个持续的、系统的工程，组织的某一方面的变革必然会引发整个系统的变化，单独强调组织变革的某一方面，势必会造成研究结果的片面性。同时，组织变革已经从偶发的管理现象发展为组织的常态，而且偶发变革和持续变革并非组织变革的两个截然不同的对立面，同一个组织可以同时具备这两种变革类型。从更深层次来看，偶发变革和持续变革的提出实际上是由研究视角不同引发的，宏观组织层面的研究者往往关注偶然发生的革命性变革，而微观的团队或员工层面的研究者往往关注不间断的适应和调整。因此，从这个角度讲，偶发变革和持续变革是不同层面的组织变革特征。绝大部分的组织变革都是逐渐进行的，微小的渐进变革也会在组织发展中产生令人惊异的结果。

因此，本研究将组织变革看成整体的、系统的，而不局限于独立的关键变革事件，既关注偶发的激进式变革事件，也关注持续的、渐进的变革。在国内外学者的研究基础上，本研究将组织变革解读为组织为获得持续的竞争优势、改善绩效而进行的组织行为，包括战略决策、业务流程、组织结构、管理模式、组织观念等方面的改变和调整。这个定义既涵盖了裁员、重组等大规模、根本性的变革，也包括主管变更、绩效薪酬制度变化等组织为持续适应做出的调整；既包括渐进式变革和激烈式变革，也包括偶发式变革和持续式变革。

四、组织变革的效果评价

科学有效的组织变革效果评价对组织发展有重要的意义，定义和设置组织变革评价指标是组织至关重要的决策（Alhaddad 和 Kotnour，2015）。然而由于组织变革的复杂、多样，组织变革效果评价在实践中存在诸多困难，仍是组织变革理论研究中较为薄弱的部分（周聪，2012）。组织变革的目的是增进组织的效能（Beer，1980），因此绩效是组织变革最重要的结果变量，也是最常见的衡量组织变革成败的指标。组织绩效是某一时期内组织任务完成的数量、质量、效率及盈利情况。

回顾已有研究，在评价一次组织变革是否成功时，财务类和市场类指标是最常用的绩效衡量指标，其中财务类指标有市场业绩、变革成本、利润率、经济效益等，市场类指标有市场份额、市场竞争力、满足客户需求等。也有研究者使用的评价指标与具体的变革目标有关，如李伟（2009）对物流系统实施变革方案后的绩效变化情况进行评估就采用了订购能力、门到门的服务时间和物流成本三个评价指标。组织变革的内部运营类指标也是使用较多的绩效评价指标，主要对变革项目的执行情况和（或）变革过程进行评价，如从组织结构（邵仲岩，2012）、人与职位匹配（郭灿云，2011）、人际关系、组织变革能力的提升等内部运营角度展开评估（钱江，2010；黄寅晨，2011）。

组织变革效果的财务类、市场类绩效评价指标是变革推动者视角的评价标准，属于变革评价的底线标准。我们还应该从变革接受者的视角出发，关注变革接受者对变革的理解以及他们在变革中的心理状态和行为反应。

研究和实践表明，组织变革经常会引起员工的认知和情感变化，这既是组织变革的结果，也会对组织变革的效果产生影响（余坤东，2002）。作为组织变革的心理和行为类的评价指标，员工对变革的认知和情感反应是从变革接受者视角评价变革效果的一种标准，是对财务和市场类绩效评价指标及执行类绩效评价指标的有力补充（Armenakis，2010）。该类指标对充分理解组织变革过程中员工的情感及行为变化有积极意义（郭灿云，2011），对组织变革成功与否非常关键（薛宪方，2009）。然而，员工的认知和情感类指标经常被管理层忽视（Armenakis，2010），使用该类指标评价变革效果的研究也较为有限，王雪莉（2003）通过变革中员工感觉有所损失的程度来评价组织变革效果。员工的变革满意度、工作不安全感等组织变革效果评价指标的研究和运用有待进一步展开。

组织变革的效果评估方法主要有两种：一种是对变革后组织的状况进行直接评估，较为常用的方法是对组织的财务和市场类指标进行评估，也有对变革后的组织运行状况是否良好（邵仲岩，2012）、变革的制度化情况（Connor，2004）、变革的决策和沟通体系是否完善、变革遭遇的阻力（王雪莉，2003）和变革引起了多少意料之外的行为和事件（Connor，2004）等情况进行直接评估的；另一种是通过对比的方式对组织变革效果进行评估，如变革前后的状况比较、与组织之前的变革过程进行比较（Connor，2004）或与变革项目的目标进行对比，以是否满足财务预算和时间进度（王重鸣等，2011）、是否满足技术需求上的预定目标（Alhaddad 和 Kotnour，2015）

来评估变革效果。

（一）组织变革效果的影响因素

变革是组织提升竞争优势，以应对生存与发展压力的重要举措。企业界与学术界对组织变革、变革效果及相关机制的研究一直颇为重视。现有组织变革效果影响因素研究多从变革因素和组织因素展开，结果表明变革因素方面的变革内容（如战略变革、结构变革）、变革情境（如渐进式变革、激进式变革）和变革频率（偶发式变革、持续式变革）都会对组织变革的效果产生影响。可见，在快速变化的环境或新企业情境下，变革可能是良好绩效的必要条件而非充分条件。把握变革的时机（timing）、节奏（pace）、频率（frequency）和管理方法（how），对变革取得优良绩效可能是必要的。考察上述因素的绩效影响及背后的理论逻辑是未来研究的重要课题（张敬伟等，2020）。组织因素方面，企业竞争策略、绩效导向、领导风格、心理反思、组织学习等因素也被证明会对变革效果产生影响（王重鸣等，2011）。

随着变革的深入，变革的接受者对变革效果的影响逐渐引起了研究者的重视。Oreg（2018）研究指出，员工不再是传统观念中的变革被动接受者，而是变革中的活跃角色，可以影响组织变革的成败。一系列实证研究也证实了类似的观点。余坤东（2002）认为变革中人的态度和行为可能与组织变革的效果密切相关。Petrou等（2018）指出成功的组织变革要求员工在新的任务上充分履行工作职责，并保持工作投入。而工作重塑是影响员工的工作投入和适应能力进而保障组织变革顺利进行的重要的变革应对方式。曾为群（2009）研究发现管理者对变革功能的质疑心理、侥幸心理及政治化倾向等是导致变革失败的关键因素。王重鸣等（2011）基于110项组织变革案例的内容分析，提出组织层面的心理安全会对组织变革的效果产生影响。在中介机制的研究中，郭灿云（2011）的研究表明员工对变革所采取的应对方式在组织变革方式与变革效果间具有中介效应。虽然该类研究肯定了员工的态度和行为对变革效果的影响，员工变革反应相关研究也日益完善，但该类研究对员工变革态度和行为背后的心理因素的探究仍显不足（李作战，2009）。探究影响员工的态度和行为进而影响变革效果的重要因素仍是不可忽视的课题。

（二）组织变革效果研究述评

通过回顾已有文献，可以发现在组织变革效果评价及组织变革效果影响因素的研究中，对员工心理和行为类指标和影响因素的研究均较少，对员工心理和行为的源泉探讨不足（李作战，2009），变革过程中个体的感受经常被管理层忽视（Armenakis，2010），实证研究也较为缺乏。而且很多研究者和企业管理者会更重视员工实际的行为反应，常常忽略或轻视员工在做出行为之前所经历的认知和情感反应，相关研究更为有限。

五、组织变革中的领导风格与变革管理

谁来领导变革与如何领导变革是变革方案实施的两个关键问题。这两个问题分别对应领导理论研究范式和组织变革研究范式。前者认为领导风格具有持久性和跨情境性,指出特定的领导类型能够自然而然地处理好各种变革情景,该范式的研究表明变革型领导在变革期间显著有效。后者则关注当下的组织变革,研究如何对变革进行管理,认为适当的变革行为能够具体化,任何管理者都可以通过采用适当的、具体的变革行为而取得积极的变革效果。

谁来领导变革与如何领导变革对员工的变革反应及变革效果有显著的影响。然而长期以来,在理论研究上,其所对应的两种范式却各自推进,缺少整合(朱其权,2012),组织变革理论并没有将特定的变革行为与更为广泛的领导概念和结构联系起来(Herold等,2008)。近年来,已有学者就领导风格与领导行为的关系进行了阐述和研究。研究发现,变革型领导比具体的变革领导行为对追随者的变革承诺影响更显著,对于不被视为变革型领导的变革管理者,其良好的变革管理举措被认为与更高水平的变革承诺相关(Herold等,2008)。Kotter(1995)在探析变革型领导失败的原因时也指出,领导与管理应该被区别对待,强有力的领导与强有力的管理应该互相结合并相互制衡。

本研究针对以上两种研究范式进行综述。其中,领导

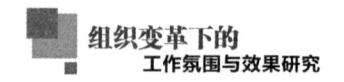

风格范式选取与变革紧密相连的变革型领导风格进行综述。

(一) 变革型领导概念

变革型领导是在经济社会急剧变化,西方企业面临转型的背景下应运而生的领导领域研究新范式(李琳等,2011)。学术界普遍认同的变革型领导概念由 Bass(1985)提出,其认为变革型领导通过让员工意识到所承担任务的重要意义,从而激发下属的高层次需要,建立互相信任的氛围,促使下属考虑组织的长远利益,并达到超出预期的结果。变革型领导的核心问题就是转型与变革的问题(Bass 和 Riggio,2005),引领组织变革是变革型领导最大的特点(张京,2013)。变革型领导崇尚合作与决策分享,强调下属专业能力的发展与授权,了解变革并鼓励成员进行变革(Shah 等,2001)。多项研究对变革型领导在变革期间的有效性进行了验证(Herold 等,2008)。

(二) 一致性和差异性变革型领导

一致性和差异性变革型领导是领导领域的最新议题。研究者在变革型领导的研究基础上,进一步提出多层次导向的变革型领导概念,认为变革型领导是一个可以从多层次分析的构念,其各个维度具有不同的行为导向。变革型领导的理想化影响与愿景激励维度更关注团队层面的共性而非团队成员的个性,主要强调构筑下属的共同愿景、共同价值观和共同理想。个性化关怀与智力激发维度则更强调员工个体的需求、能力、情感状态，更依赖主管与下属之间直接、紧密的联系。Wang 和 Howell（2010）提出变革型领导可以划分为团队导向的变革型领导与个体导向的变革型领导两种类型，前者称为一致性变革型领导，包含理想化影响与愿景激励维度；后者称为差异性变革型领导，包含个性化关怀与智力激发维度。在不同的社会文化环境和工作背景下，变革型领导的双层面概念所对应的结构维度具有权变性（张艳清等，2015）。因此，国内研究者孙永磊等（2016）在参照现有研究的基础上，依照 Wang 和 Howell（2010）在一致性变革型领导和差异性变革型领导研究过程中的建议，开发了符合中国情境的量表。

（三）变革管理

变革管理（Change Management）是建立在管理理论、混沌理论及复杂系统理论的基础上，以变革为研究对象和研究内容的科学。组织变革是动态的、复杂的、系统的过程，以变革为研究对象和研究内容的变革管理也是一项广泛、复杂而系统的活动。作为管理学与组织行为学领域的重要概念，以及管理实践中的热门话题，众多研究者从多个角度对变革管理提出了不同的见解。大卫·弗斯（2002）提出，变革管理是组织管理体系改造与调整中所进行的系统策略安排和有效管理，是对期望实现的变革进行计划、组织、控制和实施的一系列活动，目的是创造变革顺利实现的环境，以实现预定的变革目标。不仅仅是硬环境的创造，企业价值观、企业内部关系及沟通体系等软环境的营造也是变革管理的重要内容（桂琳等，2013）。俞东慧（2004）也提出了类似的观点，认为变革管理是为了达到变革的理想状态而对变革过程中的各个因素进行的有效管理。也有研究者基于管理的本质，将变革管理界定为组织为适应环境变化而动态配置资源的管理模式（叶一军，2016）。何心展等（2004）指出，组织变革的多种变革类型相互联系的动态特征对变革管理提出了系统性的要求。

有研究者从员工视角出发，将变革管理界定为对变革中员工反应的管理。如叶舒航等（2014）提出，变革管理是组织在作出变革策略之后，为了减轻变革给员工和管理者造成的压力，以及减小他们对这种变革的抵触情绪而设计的方法，并在实证研究中用组织激励、沟通交流、冲突协调三个变量来代表变革管理。闵庆飞等（2004）提出对员工抵制行为的管理是 ERP 实施中有效的变革管理。

也有研究者主要关注行为视角，将变革管理界定为变革管理者针对特定组织变革所采取的管理举措（Woodman，1989）。Higgs 和 Rowland（2005）确认的具体变革管理行为包括让其他人具有责任、建立变革的起始点、设计变革旅程、沟通指导准则、提升个体和组织执行变革的能力。

尽管关于变革管理的研究有大量的文献，但由于长期以来缺乏一致通用的定义使得变革管理理论难以发展，也不能进行有效性的定量检测（朱其权，2012）。直到

Herold（2008）将变革管理的核心元素限定在制造愿景、获取员工支持、授权和监督四个方面，并据此编制了七个条目的量表，才有了涵盖变革管理核心元素的可测量的量表。但该量表是基于西方的变革理论和实践基础从变革管理者推动变革的视角提出的（朱其权，2017），没有突出员工视角，且缺乏对变革管理具体维度的探讨。除了该量表包含的条目，程序公平、组织支持、变革合法化和员工参与也是我国企业变革中领导者常用来推动变革、降低员工抵触情绪和确保变革成功执行的策略（朱其权，2012）。因此，进一步探索基于我国企业变革实践的变革管理量表具有理论和现实意义。

第二节　工作不安全氛围研究回顾

本研究的核心变量为工作不安全氛围，其来源于个体工作不安全感的研究，下面首先对工作不安全氛围进行介绍和辨析。

一、工作不安全氛围的概念

Greenhalgh 和 Rosenblatt（1984）在工作不安全感的开创性研究中将"雇员在一个受到威胁的工作情境中，对于维持所希望的可存续性的无力感"定义为工作不安全感，这一界定得到后续研究者广泛的讨论与引用。此后涌现了诸多类似的对工作不安全感的界定，例如工作情景下对可存续性的预期、对工作未来可存续性的整体认知（Rosenblatt 和 Ruvio，1996）、对自己现有工作的可存续性潜在威胁的感知（Heaney 等，1994）等，这些不同的概念有着相同的本质，即认为工作不安全感本质上是一种主观心理现象，是建立在雇员对其当下工作环境的感知和解释基础上的（Greenhalgh 和 Rosenblatt，1984；Hartley 等，1991）。与实际的工作丧失不同，工作不安全感是雇员对其工作的可存续性处于风险之中这种压力性事件的一种预期。这种预期是个体主观的体验，这意味着不同雇员即使面对同样的客观情况，对工作不安全感的体验及行为反应也会存在差异（Sverke 和 Hellgren，2002）。

Greenhalgh 和 Rosenblatt（2010）提出了工作不安全感的全方位溢出效应（Full Spectrum Spill-over Effects），认为具有工作不安全感的员工可能会影响他们工作和生活环境中的其他人，如同事、上司、客户以及家人、朋友。这种影响可能是有工作不安全感的个体与其他人分享自己的感受所引起的他人的工作不安全感，也可能是由有工作不安全感的个体的离职而引发的。胡三嫚（2014）针对工作不安全感在生活环境中的溢出作用，探讨了父母的工作不安全感对子女生活满意感的影响。而工作不安全感在工作场所的溢出、蔓延，可能会形成工作不安全氛围。例如当预期会发生不好的组织变革的时候，这种不安全感可以在员工对组织未来的谈论中发酵、扩散，在组织中形成缺乏安全感的共同认知和一种普遍缺乏工作安全感的氛围

（Sora 等，2009）。这种现象可以由情绪感染、涌现理论和社会信息化理论来解释。

工作不安全感既有认知成分也有情绪成分。对个体情感体验的研究表明，情绪能在人与人之间传播，称为情绪感染（Barsade，2002），情绪因此也能够被社会共享（Rimé，2007）。例如个体可以通过分享其烦恼而造成周围人的烦恼（Yang 等，2014）。人们普遍认为，负面的影响比正面的影响更具传染性（Baumeister 等，2001）。工作不安全感与负面情绪（如与焦虑、恐惧相关的事实）表明其可能很容易在团队或组织的员工中散布，可能导致工作场所形成工作不安全的共享感知（Sora 等，2013）。

涌现理论（Kozlowski 和 Klein，2000）认为，源于个体层面的认知、情感、行为或其他特征的现象可以通过交互作用得到放大，并表现为一个更高层面（如团队、组织）的共同的结构，这种自下而上的交互作用过程称为涌现（Kozlowski 和 Klein，2000）。就工作不安全感而言，个体可以通过与同事、上下级的交流，将这种作为个体心理氛围的工作不安全感传播开来，形成团队乃至组织层面的工作不安全氛围。

基于共享认知法（Anderson 和 West1998），Sora 等（2006）将工作不安全氛围（Job Insecurity Climate）定义为"组织中的员工普遍认为工作受到威胁，无法维持工作可存续性的共同感知"，将工作不安全感的研究从个体视角延伸到更高的群体层面。

Låstad 等（2015）认为基于共享认知的定义法存在

一些问题，首先在工作场所个体不仅会感受到基于对自己的工作状况的评估而产生的工作不安全感，也可以感知到工作场所弥漫的工作不安全氛围。很多情况下这两种感知可能是不同的，例如在裁员情景下，组织中可能存在较强的工作不安全氛围，但由于员工岗位的重要性、员工可雇佣性感知高或员工有自愿流动的意愿等，员工个体的工作不安全感可能较低。其次共享的感知是否真实存在值得商榷，有工作不安全感的个体是否相信或至少知道别人有相同的看法，还是在看法上的相似性只意味着个体恰巧和其他成员一样对自己的工作不安全水平有类似的感知，抑或是在社会群体中确实存在真正的意识共享。源于以上思考，Låstad等（2015）基于认知图示法提出了个体层面的工作不安全氛围（Person-level Job Insecurity Climate）概念，将其解释为个体对工作场所的一种普遍的工作不安全氛围的感知，视为心理集体氛围。

知觉可以看作一个客观现实的心理陈述，它是通过个体和情境因素的相互作用而形成的。在个体层面，个人可以形成对自己情况的看法，即心理氛围；也可以形成对整体情境以及其他人如何体验这种情境的感知，即心理集体氛围。针对工作不安全感领域而言，个体可以形成对自己工作可存续性的丧失预期和担忧，称为个体工作不安全感概念。在之前的工作不安全感领域，较为普遍的研究均是基于此概念。这种个体对自己工作情况的感知可以聚合到更高的层面，形成工作不安全氛围概念，Sora等（2006）基于共享认知法进行的概念界定即为此类型。

在个体层面，个体也可以形成他人如何体验这种情境的感知。该概念虽然是个体层面的感知，但与个体工作不安全感在着眼点上并不相同。个体工作不安全感着眼于个体对自己工作情况的感知，而此概念着眼于对氛围的感知。Låstad等（2015）基于认知图示法提出的个体层面的工作不安全氛围概念即为此类型。表1-1辨析了工作不安全感和工作不安全氛围的概念。

表1-1 工作不安全感和工作不安全氛围的概念辨析

概念名称	工作不安全感（Job Insecurity）	工作不安全氛围（Job Insecurity Climate）	个体层面的工作不安全氛围（Person-level Job Insecurity Climate）
研究层次	个体层次	群体层次	个体层次
研究视角	对自己工作情况的感知	对自己工作情况的感知	对组织中氛围的感知
定义方法		共享认知法	认知图示法
内涵	雇员在一个受到威胁的工作情境中，对于维持所希望的可存续性的无力感	组织中的员工普遍认为工作受到威胁，无法维持工作可存续性的共同感知	个体对工作场所一种普遍的工作不安全氛围的感知
来源	Greenhalgh和Rosenblat（1984）	Sora等（2006）	Låstad等（2015）

资料来源：根据相关文献整理。

二、工作不安全氛围的维度划分

目前，国内外学者从不同角度界定了工作不安全氛围

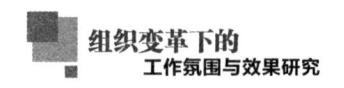

的内涵，从不同维度延续了对工作不安全感的较为丰富的研究结果。为更好地厘清概念，下文将对此进行梳理。

(一) 工作不安全氛围的单维度和多维度视角

部分学者对工作不安全感涉及的内容采取了单一视角的界定方式，认为工作不安全感是个体对其工作可存续性的一种总体担忧（Rosenblatt 和 Ruvio，1996），将工作不安全感界定为雇员基于对工作环境的感知和解释，对工作的可存续性是否存在风险的预期，以及对失去现有工作的无助感。多维度视角则认为这种见解窄化了 Greenhalgh 和 Rosenblatt（1984）所作的开创性研究中对"所希望的可存续性"的理解，除了工作丧失的威胁，丧失有价值的工作特征的威胁也是工作不安全感的一个不容忽视的方面。诸如职业发展堪忧、工作条件恶化、薪酬待遇下降等情景都意味着有价值的工作特征的丧失，这同样可以引发雇员对不稳定性的感知和担忧。后来的很多研究者都对工作不安全感内容上的这种区分表示赞同，并基于该视角进一步将工作不安全感界定为雇员基于对工作环境的感知和解释，对现有工作和重要工作特征的可存续性是否存在风险的预期，以及对失去现有工作和重要工作特征的无助感（Hellgren 等，1999）。

对于工作不安全氛围涉及的内容，部分研究者延续了工作不安全感研究的整体观点，认为工作不安全氛围是员工对无法维持工作可存续性的共同感知（Sora 等，2006），而 Låstad 等（2015）指出无法维持有价值的工作特征的可存续性感知也是工作不安全氛围的一个不容忽视的方面，并验证了工作不安全氛围的不同维度对结果变量的影响有差异。

（二）工作不安全氛围的认知视角与情感视角之分

工作或者重要工作特征可能丧失的感知和判断属于知觉部分，这种知觉作为压力性的预期导致的无助等情绪感受则属于情感部分。有些研究者对此进行了区分，将工作不安全感的界定限制在知觉方面（Probst，2003）。如陈兴华等（2004）依据资源保存理论，将企业员工的不安全感定义为员工对自身目前资源的占有状况以及未来失去与获得相关资源的价值和可能性的综合认知。基于该视角的界定认为情感是由认知引发的，将工作不安全感限定在知觉方面有利于研究者更好地对认知进行评估，探究其对情感反应的作用（Probst，2003）。

有些研究者对此持不同的看法，认为工作不安全感是一种基于非自愿性的丧失预期导致的消极的体验，割裂工作不安全感的认知部分和情感部分是不恰当的。比如雇员的自愿流动，或虽然有丧失工作或重要工作特征的预期但由于种种原因并不将此视为威胁，并不会因此产生焦虑、无助等消极感受，这些均不能界定为工作不安全感（Sverke 等，2002）。工作不安全感的认知和情感部分的探讨对于理解工作不安全感的内涵及作用非常重要，后来的研究者也对工作不安全感的这两个维度对结果变量的差异及两个维度间的关系进行了研究（Pienaar 等，2013；

Huang等，2010)。

类似于对个体工作不安全感的维度划分，Jiang和Probst（2015）针对无法维持工作可存续性的共同感知进行了认知和情感的区分，将工作不安全氛围划分为工作不安全认知氛围和工作不安全情绪氛围。

三、工作不安全氛围的测量

心理氛围通常由量表直接测得。团队或组织氛围的测量方法与其定义的角度对应。若将氛围视为团队或组织的整体属性，并侧重于了解客观情况，则一般采用观察法和关键人物访谈法来测量；若将氛围视为个体主观感知与客观环境相互作用的结果，并侧重于了解员工对环境的感知，则一般采用问卷调查法。采用问卷调查法既可以通过先测量个体层面的心理氛围然后加以聚合得到，也可以通过直接测量处于个体水平的对象得到（段锦云，2014）。值得注意的是，无论是采用直接法还是间接法来测量组织氛围，测量对象均处于个体水平（段锦云等，2014）。下面分别就这两种方法展开回顾。

（一）直接一致模型法（Direct Consensus）

使用直接一致模型法（Chan，1998）即先测量个体工作不安全感的数据，再将数据聚合到团队和组织层面，代表团队或组织工作不安全氛围。使用该方法的研究人员要求受访者报告他们如何看待自己的工作情况（或他们的工作情况的一个特定方面），并且如果在组织内发现足够多的一致感知，这些感知就可以汇总起来，代表组织成员共同的看法，成为更高层面的构念。例如，如果组织中的员工感受到个体工作不安全感，且这种感受是相似的或者是员工共享的，组织不安全感氛围就存在。直接一致模型法经常用于氛围研究（Chan，1998；刘云，2008；段锦云，2014），但其也有局限，即受访者实际上并没有基于氛围进行报告（Dickson 等，2000）。既然工作不安全感是一种主观感受，在同一环境中工作的个体不一定会以同样的方式感知事件，更不用说共享这些看法了，毕竟组织线索可能是不明确的，这往往会给个体解释这些线索的空间（Hartley 等，1990），个体的解释和感知不一定会代表工作场所中的工作氛围（Baltes 等，2009；Mauno 等，2013），因此不排除个体对其工作情况的感知和其认为在工作场所中存在的氛围完全不同的可能性。一项采用个体层面参照物和组织层面参照物的感知对个体反应的研究显示，受访者认为自己的情况和他们如何评价组织情况的差异有统计学意义（Baltes 等，2009）。除非要求受访者回答他们如何看待氛围问题，研究人员不能确定这些受访者是否真实感受到工作场所的不安全氛围还是只是有类似的关于自己的工作的看法。有研究者认为聚合个体对自己情况的看法只能表明个体对自己工作不安全的看法是一致的，而不能反映工作场所不安全的氛围（Låstad 等，2016）。通过要求受访者报告他们如何看待工作场所的氛围，是另一种工作不安全氛围的测量方法，即参照转移模型法。

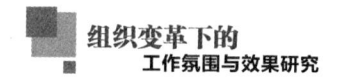

（二）参照转移模型法（Referent-shift Consensus）

从概念上讲，参照转移模型法认为人们对自己的情况和他们作为其中一部分的组织的情况可能有不同的感知。这两种工作不安全感概念之间的区别是很重要的，一种社会氛围并不仅由一组个体对他们自身感知的聚合而构成，它也应该反映个体对社会环境的感知。

参照转移模型法与直接一致模型法的重要区别是构念的参照点从个体转换到团体。如测量效能时，前者的测量题项是"我相信我能完成任务"，后者是"我相信我们团队能完成任务"。参照点的变化将产生两个不同的结构：前者是个体层面上的自我效能，后者是集体层面上的集体效能。对研究者而言，考虑哪一个适合其理论是非常重要的（于海波，2004）。

具体到工作不安全氛围的测量上，该方法聚焦于个体对工作不安全氛围的感知，通过调查受访者对工作团队和组织中情况的感知而直接测量，相较于直接一致法从关注个体对自身工作情况的感知转移到个体如何感知工作不安全氛围，从关注"我"转移到关注"我们"或"这里的员工"。受访者被要求对他们如何看待工作不安全氛围作出回答，而不是对自己的工作不安全感进行回答。在足够的组内一致性的情况下，这种个体层面的氛围感知能够聚合到团队和组织层面，以反映工作场所共享的工作不安全氛围感知。个体层面上的测量称为心理集体氛围，聚合的数据称为组织集体氛围（Låstad 等，2016a）。参照转移模型法的一个突出优点是，对个体在工作场所感知的工作不安全氛围的调查更方便，而不用受这种感知在更高层级上是否一致的限制，也不用管团队或者组织中个体工作不安全感的一致性如何。

研究人员认为，在一个给定的分析层次使用适当的参考点对相同水平的结果的预测效果更好（Kozlowski 和 Klein，2000；Mathieu 和 Chen，2011）。直接一致模型法和参照转移模型法的关键区别就是参照点由个体转移到群体，因此氛围研究首先要解决的是确定将用于聚合成为更高层次构念的个体感知的参考点的问题。在氛围研究中，既有用参照转移模型法（Glisson 和 James，2002；Mason 和 Griffin，2003）进行的研究，也有用直接一致模型法的研究（Wallace 等，2016）。研究者对此的评价也不同，Kuenzi 和 Schminke（2009）认为工作场所氛围没有一致的测量方法和标准。Dawkins 等（2015）认为虽然参照转移模型法用的仍然是个体的反应（responses），由于这些反应与团队指示物有关，这种方法在团队层面的理论和测量之间提供了更紧密的联系。Wallace 等（2016）用元分析法发现参照转移模型法更适合负载更多认知的氛围层次单元结构，直接一致模型法适合负载更多情感的分析单元结构，当结果在概念上与氛围在概念上相互匹配时，预测效果更好。如参照转移模型法对工作绩效和客户服务绩效的预测效果比直接一致模型法效果好，而直接一致模型法对工作态度的预测效果比参照转移模型法效果好。基于此，本研究在工作不安全氛围对个体和组织绩效的影响的探讨中，对工作不安全氛围的测量采用参照转移模型法。

利用直接测量法测量工作不安全氛围的量表，目前仅有 Låstad（2015）基于瑞典工人调研开发的量表。

四、工作不安全氛围的影响因素研究

目前，工作不安全氛围的研究更多地集中在工作不安全氛围和氛围强度对个体影响的研究上，对于哪些因素可能引起或可以防止出现工作不安全氛围，以及支持这些因素间关系的实证研究还很缺乏（Sora 等，2013；Låstad，2016b）。

（一）组织变革对工作不安全氛围的影响研究

有学者在对裁员幸存者的研究中指出，发生裁员的组织中确实存在着工作不安全的环境，裁员幸存者群体中存在工作不安全氛围感知，并提出组织变革预期可能在组织中形成缺乏安全感的共同认知和一种普遍缺乏工作安全感的氛围（Sora 等，2009）。虽然没有明确界定工作不安全氛围，Allen（2003）通过对进行信息变革的英国高等院校的访谈和分析，提出组织变革对组织氛围的安全维度有影响，研究表明这种氛围可以在组织层面共享，也可以植根于组织内的亚文化，并进一步确定了影响不同高等院校组织氛围的安全维度的七个因素，分别为：对变革管理的感知、变革频率、变革的可预测性（指能否通过学校的历史预测变革的本质或变革对组织的影响）、变革的开放性、组织成员参与程度、变革的性质（是激进的、迅速的，通

常为是应对危机发起的变革还是渐进式的变革)、用说服力还是强制力实施决策。

Allen（2003）的研究验证了工作不安全氛围的存在并提出了影响因素，为后续研究提供了可以拓展的思路，具有一定的实践指导意义。该研究提出组织氛围中的不安全感可以在组织层面共享，也可以植根于组织中的亚文化，证明了群体工作不安全氛围研究的可能性和必要性。但该研究中的访谈资料表明一些情况下对失去工作的恐惧是影响员工行为的重要因素，一些情况下更为重要的影响因素是对失去重要工作特征的担心，如对失去晋升机会的担心。这体现了工作不安全氛围的数量和质量两个维度的区分。研究中一名受访者表明组织对威胁和动荡的外部环境的共享认知并没有转化成焦虑、无助等消极的组织氛围，受访者表示危机让他们的关系更紧密，人们齐心协力，共同攻克难关。这表明该组织可能存在工作不安全氛围的认知，但并没有转化为情感工作不安全氛围和个体工作不安全感，这其中的机制值得进一步探讨。

（二）工作不安全氛围的其他影响因素研究

Låstad 等（2016）的研究表明，感知到个体工作不安全感的样本在六个月后的调查中表示感知到了工作不安全氛围，这说明感知工作不安全感与六个月后感知工作场所的工作不安全氛围相关。然而该研究没有证据表明工作不安全氛围对个体工作不安全感有类似的影响。这可能说明工作不安全氛围来源于个体的工作不安全感和随后的个体感知在工作场所的扩散。由于该研究在个体层面展开，并没有调查群体层面是否存在工作不安全氛围，因此可能个体的工作不安全感确实引起了群体层面的工作不安全氛围而被个体感知到，也可能研究结果是个体的认知偏差导致的。

Cuyper 等（2009）的研究表明，长期雇员中的工作不安全氛围与组织雇用临时人员的意图有关。当临时用工的意图威胁到长期雇员时会引起长期雇员中的工作不安全氛围，而支持性的临时用工意图与长期雇员的工作不安全氛围负相关。

Sora 等（2013）在研究展望中提出，工作不安全感不仅由认知构成，也包括情感部分（emotional aspect），因此情绪感染可以解释工作单元内工作不安全共享感知的形成。同样，组织中社会网络的分布、大小等特点，可以促进或阻碍员工之间的社会互动，也可能影响工作不安全氛围的形成和它的强度。

（三）工作不安全氛围影响因素研究述评

目前对于哪些因素可能引起或可以防止工作不安全氛围的出现，以及支持这些关系的实证研究还很缺乏（Sora 等，2013；Låstad 等，2016b；Yüce-Selvi 等，2023）。已有的工作不安全氛围影响因素研究并没有区分工作不安全氛围的认知和情感成分，也少有研究区分了工作不安全氛围的数量型维度和质量型维度。个体工作不安全感的研究已经表明不同的影响因素会对工作不安全感的不同成分和维度产生不同的影响，而不同影响因素的确定是预防和缓解工作不安全氛围的基础，因此该方面的研究有待深入。

五、工作不安全氛围的作用结果研究

工作不安全氛围与结果变量关系的研究可以按照这些研究所采用的研究范式分为主效应模型（Main Effect Model）和调节效应模型（Moderate Effect Model）两类。

（一）工作不安全氛围对作用结果的主效应研究

主效应模型认为，氛围对结果变量具有直接增益作用，其效应独立于其他变量。已有的工作不安全氛围影响效应研究主要为主效应研究。

Sora 等（2009）的研究在西班牙和比利时两国的食品、教育和零售行业展开，研究发现工作不安全氛围与较低水平的工作满意度和较低水平的组织承诺有关。来自西班牙的样本显示，工作不安全氛围比个体感知的工作不安全感对个体行为的解释力度更大，而该现象在比利时不成立。研究者认为西班牙趋向集体主义，比利时趋向个体主义，而且西班牙的劳动市场不稳定，工作不安全感高，失业率和临时合同多，这些背景导致了以上差异。Sora 等（2013）针对西班牙的 428 份样本的研究表明，组织层面的工作不安全氛围与工作满意度、组织承诺、组织信任负相关，而且这种负相关在组织成员具有相似的感知时更显著，该研究用氛围强度来代表这种组织中成员感知的相似度。Mauno 等（2013）在工作不安全感的多层次研究中，将个体工作不安全感聚合到工作部门层面展开研究，但并没有将这种聚合的结果定义为工作不安全氛围。其研究表明个体和工作部门层面的工作不安全感和离职倾向的关系分别被个体的职业幸福感和工作部门的幸福感部分调节，他们还发现了一个跨层次互动的支持作用，即工作部门较高水平的幸福感缓解了个体层面的工作不安全感和个体幸福感的负相关关系。杨付等（2012）的研究表明团队沟通、工作不安全氛围对团队成员的创新行为有倒 U 形的影响。Låstad 等（2016a）将工作不安全感和个体感知的组织中的工作不安全氛围分别聚合到团队层面，然后对比了团队层面和个体层面共 4 个前因变量对情绪耗竭、工作满意度、生产率、自我报告的健康的预测效果，研究表明个体感知的工作不安全氛围与自我报告的健康负相关，与情绪耗竭正相关，相较于小组其他成员，感知到更强的工作不安全氛围的个体报告了更高水平的情绪耗竭和更低水平的健康状况。与组织中的其他成员相比，处在具有较高平均水平的工作不安全氛围的团队与处在其他团队对个体的健康和情绪耗竭没有影响。Hsieh 和 Kao（2022）的研究证实了工作不安全氛围与员工工作满意度和工作投入负相关，并进一步揭示了这种负面影响的心理机制，研究表明工作不安全氛围激发了员工的组织阻碍感知，进而影响员工的工作满意度和工作投入。

以上几项研究均从单一维度出发，将工作不安全氛围视为员工对于无法维持工作的可存续性的共同感知或工作场所中一种普遍存在的工作无法存续的氛围。Låstad 等

(2015)的研究表明工作不安全氛围的类型对结果的影响有差异，如个体感知的质量型工作不安全氛围与工作需求、工作家庭冲突、压力和自我报告的健康水平显著相关。个体感知的数量型工作不安全氛围更好地预测了工作需求和工作家庭的冲突。Yüce-Selvi 等（2023）的研究也证实了工作不安全氛围类型的差别对结果影响的不同，数量型工作不安全氛围与较高水平的忠诚度和忽视行为相关，而质量型工作不安全氛围与较高水平的离职率和较低水平的忠诚度相关，该研究结果也揭示了工作不安全氛围与个体工作不安全感知对员工以上行为的影响机制和影响结果的不同。

（二）工作不安全氛围对作用结果的调节效应研究

调节效应模型认为工作不安全氛围对结果变量的影响是通过调节作用来实现的。Jiang 和 Probst（2015）将情感工作不安全氛围作为情景因素，研究了情感工作不安全氛围与情感工作不安全感交互作用对安全结果变量的跨层次影响，具体来讲安全结果包括行为安全合规性、工作场所伤害、经历的安全事件、报告的安全事件和瞒报的事故等。研究表明，团队层面的情感工作不安全氛围对个体的工作不安全感具有调节作用，个体情感工作不安全感对安全结果的负面影响在高情感工作不安全氛围的条件下更为强烈。Lehmann-Willenbrock 和 Allen（2014）研究了团队层面的工作不安全氛围对幽默模式与团队绩效的影响，结果表明当工作不安全氛围低的时候，幽默模式与团队绩效正相关,当工作不安全氛围高时,幽默模式与团队绩效不相关,即工作不安全氛围限制了积极资源的效用。

(三)工作不安全氛围作用结果研究述评

1. 缺乏组织变量研究和对绩效的研究

现有的工作不安全氛围作用结果研究主要集中在对个体的态度和行为等变量的研究上,而忽略了工作不安全氛围对群体、组织层面的影响研究。同时,绩效是组织管理的重要指标,也是组织对个体态度和行为进行管理的重要目标之一,而当前学术界尚不明确工作不安全氛围对绩效的影响。企业界与学术界对组织氛围与绩效及相关机制的研究一直颇为重视。研究者更是呼吁对组织氛围的探讨不能忽略特定氛围的研究,尤其是特定的消极氛围(张晓怿,2016)。由此,关注作为消极氛围的工作不安全氛围及其对绩效的影响,是企业发展不可忽视的重要课题。

2. 缺乏工作不安全氛围对结果变量的作用机制的研究

工作不安全氛围对结果变量的影响除了直接作用,还可能存在间接作用。工作不安全氛围通过影响哪些中介变量来间接对结果产生影响还是一个未知的黑箱。仅仅关注工作不安全氛围与结果变量的直接效应,一定程度上忽视了在工作不安全氛围和结果变量之间可能存在的更复杂的影响机制。这在理论上限制了对工作不安全氛围影响过程的清晰认识,在实践中则会妨碍对工作不安全氛围的负面影响的阻断或者缓解。目前，工作不安全氛围的研究尚存在许多亟待探索的问题。其中，工作不安全氛围对作用结果的内在影响机制是该研究领域的核心命题之一。

3. 缺乏多维度的研究

现有研究多从单一维度出发，将工作不安全氛围视为员工对无法维持工作可存续性的共同感知。而 Låstad 等（2015）的研究表明个体感知的质量型工作不安全氛围与数量型工作不安全氛围对结果变量有不同的预测作用，工作不安全氛围多维度的研究有待展开。

本章小结

在对组织变革、工作不安全氛围、变革型领导相关研究进行综述的基础上，可以发现目前这些理论的研究尚存在一些问题和不足，主要包括以下几个方面：

相较于组织变革的重要性和频繁性，对导致其失败的因素的关注仍然不足（Buchanan 等，2005）。现有研究逐渐从变革因素转移到个体反应角度，认为员工的变革反应是影响变革成败的重要因素，但很多研究者和实践者更为重视员工实际表现出来的行为反应，而常常忽略或轻视员工在做出行为之前所经历的认知反应和情感反应，没有说明员工变革行为反应的心理源泉（李作战，2009），对变革背景下员工的压力的关注也较少（陈笃升等，2015）。变革活动通常会影响员工的工作性质甚至个人生活，导致

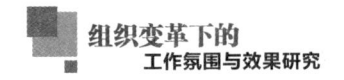

员工对工作以及整体未来发展缺乏安全的感受不断增多（Sverke 等，2002）。这种不安全感可以在员工对组织未来的谈论中发酵、扩散，在组织中形成缺乏安全感的共同认知或一种普遍缺乏工作安全的氛围（Sora 等，2009）。

虽然以往的工作不安全感方面的研究已经取得了丰硕的成果（Sverke 等，2002），但是该研究领域也存在一定的空缺，尤其缺乏对工作不安全氛围的研究（Sora 等，2009）。目前对于哪些因素可能引起或可以防止工作不安全氛围的出现，以及支持这些关系的实证研究还很少（Sora 等，2013；Låstad 等，2016b）。现有工作不安全氛围作用结果的研究主要集中在个体态度和行为上，而对工作不安全氛围对绩效的影响及作用机制尚不明确。

综合考虑上述理论研究中存在的不足，笔者梳理了研究思路和主线，构建了研究模型，提出理论假设，通过调查问卷统计分析的实证研究方法，对研究思路的理论假设进行检验，并作了深入分析，得出具有现实意义的研究结论。

第二章　研究模型与研究假设

上一章对组织变革的概念类型、组织变革与相关变量的关系研究以及工作不安全氛围的概念、类型、测量、影响因素和结果变量等进行了回顾和述评，本章将在此基础上构建工作不安全氛围影响因素与作用结果的整合研究模型，回顾和分析各变量之间的关系，提出研究假设，为后续的实证研究奠定基础。

组织变革的目的是增进效能（Beer，1980），绩效是组织变革最重要的结果变量，也是最常见的衡量组织变革效果的指标。因此本研究采取组织绩效和员工绩效作为变革效果的衡量指标。

第一节　研究模型与研究设计

基于资源保存理论（Hobfoll，2001），本研究提出了工作不安全氛围研究的整体模型。

首先，失去有价值的资源或面临这种威胁，获得有价值资源的因素不充分及获得的保护或培育有价值资源的途径不清晰是个体产生不安全感的主要情境（陈兴华等，2004）。因此，组织变革中若涉及失去有价值的资源或面临这种威胁就可能导致工作不安全氛围，而组织若能够提供对有价值资源的保护途径和保护因素就可能会抑制工作不安全氛围的产生。

其次，根据资源保存理论，变革管理中组织提供的支持和变革型领导的作用都是能够降低不确定性的资源，同时，变革过程中的参与机制有利于员工获得更多的信息资源，也为员工提供了释放压力的沟通机会，能够帮助其缓解变革的不确定性所带来的消极作用，这都会在组织变革对工作不安全氛围的影响中起到抑制作用。

最后，资源保存理论的另一个宗旨是人们会努力保护自己免受资源损失。为此，个体会倾向于动用更多的其他资源来防止和应对资源损失的威胁，以避免因该资源的损失而陷入损失螺旋，导致更多资源的持续性损失。工作不安全氛围作为工作场所重要的压力源会对个体的工作稳定性和工作发展机会等重要资源形成威胁，因此员工需要调动更多额外的资源来应对这种威胁，例如，员工需要调动认知资源来预期失业的财务后果和社会后果，也需要耗费大量的情绪资源来克服无助感和控制愤怒等。这些额外的资源投入将导致个体的能量和情绪进一步耗竭。研究也表明感知到更强的工作不安全氛围的个体报告了更高水平的情绪耗竭和更低水平的健康状况（Låstad 等，2016a）。因此我们认为工作不安全氛围会引发能量消耗，甚至会导致个体情绪衰竭等身心健康问题，从而使个体在工作方面的资源分配减少，影响工作绩效。

基于以上理论分析，本章构建了工作不安全氛围影响因素及作用结果的研究模型，具体分析组织变革对工作不安全氛围的影响，以及工作不安全氛围的作用结果，并探讨工作不安全氛围在组织变革及变革效果（组织绩效和员工绩效）间的中介作用。

本研究所涉及的各变量间的具体假设关系如图 2－1 所示。

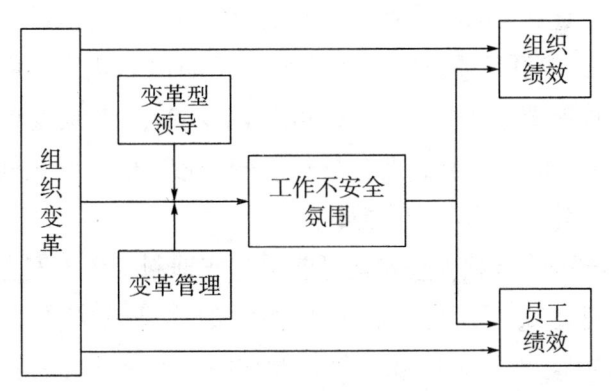

图 2－1 工作不安全氛围影响因素及作用结果的综合研究模型

第二节 工作不安全氛围在组织变革与变革效果之间的中介作用

本研究模型以组织变革为前因变量，以工作不安全氛围为中介变量，以变革型领导和变革管理为调节变量，探讨了这些影响因素对变革效果的影响。考虑到研究的难度

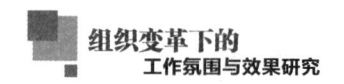

和可行性，本研究选取了组织绩效和员工绩效作为变革效果的衡量指标，下面分别就其关系提出相应的研究假设。

一、组织变革与工作不安全氛围的关系

作为与工作不安全氛围紧密相连的概念，工作不安全感的初始研究是在美国纽约州陷入财政困难、政府展开削减雇员薪资等一系列变革的背景下展开的（Greenhalgh和Rosenblatt，2010）。随后的工作不安全感研究领域中以组织变革为前因或背景因素的研究并不鲜见（Keim等，2014），裁员、兼并等变革或变革预期被确认为工作不安全感的重要预测因素（Ashford，1989）。组织变革、兼并、企业流程再造、业务外包等变动带来的不确定性因素都可能引起工作不安全感。

虽然目前对哪些因素可能引起或抑制工作不安全氛围的出现还缺乏研究，特别是相关的实证研究更为缺乏（Sora等，2013；Låstad等，2016b），但有研究者指出发生裁员的组织确实存在着工作不安全的环境，裁员幸存者群体中存在工作不安全的氛围感知，并提出组织变革预期可能在组织中形成缺乏安全感的共同认知和一种普遍缺乏工作安全感的氛围（Sora等，2009）。Allen（2003）的质性研究表明员工对变革管理的感知、变革频率、变革的可预测性、变革的开放性、组织成员参与程度、变革的性质、变革决策的实施均会影响员工对组织是否安全的感知。

Self等（2007）通过对员工的开放式回答进行编码发

现，虽然通常认为激进性的变革比渐进性的变革影响更为剧烈，但受访者对变革影响的描述更多的是依据有没有失业的威胁而不是变革类型的划分，而员工往往又是根据变革内容来判断变革是否具有失业威胁的。如员工往往将与福利相关的政策变化归类为"无就业损失的变革"。如"重组"等变更描述被归类为"可能的失业威胁"，"裁员"等变更描述被归类为"明确的失业威胁"。鞠蕾（2012）的研究也表明只有"变革的强度和重要性"和"对变革的个人控制"两个组织变革维度对工作压力具有影响效应，而变革内容决定了变革的影响范围和程度（朱其权，2012；王霄等，2018），不同的变革内容，如绩效改革、组织架构调整、业务流程改善、并购重组等，由于存在的风险、影响范围和影响程度的差异，给员工带来的影响也不同（张婕等，2013；王霄等，2018；朱其权，2012）。变革的幅度越大、程度越深，影响范围越大，变革本身带来的不确定因素越多，越容易让员工感知到工作的不安全（Oreg 等，2018），越容易引发员工的沮丧、焦虑等消极情绪（Huy 等，2014）。张启航（2010）通过实证研究也发现，不同的变革内容对变革压力的影响有差异，战略调整、并购重组等变革比产品与服务变革更能影响员工的压力感。

根据以上分析，本研究提出如下假设：

研究假设 H1：组织变革作为整体构念，对工作不安全氛围有显著的正向影响，即组织变革会增强工作不安全氛围，但组织变革的各个维度对工作不安全氛围有不同的

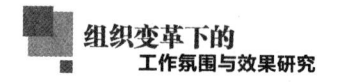

影响。

二、组织变革与组织绩效的关系

环境的动荡与竞争的加剧给企业的生存和发展造成了巨大的威胁，如果不能根据环境的变化进行适当的变革，促进组织发展，保持组织的进化能力，组织就会被激烈的竞争淘汰。因此，越来越多的企业家正在主动地进行持续的变革（郑博阳，2018）。组织变革的目的是获得持续的竞争优势和卓越的绩效，绩效的改善是衡量组织变革效果的重要指标。理性的变革本身已经包含了提高组织绩效的目标（包玉泽等，2013），而且大多数企业会根据具体的组织变革目标采取相应的措施来确保目标的实现（王玉峰等，2014）。我们可以借鉴 Mol 和 Birkinshaw（2009）的思路，用生产可能性边界的概念进一步诠释变革对组织绩效的正向影响。处于行业生产率边界的企业代表着市场竞争力领先的最佳实践状态，是行业的标杆。而现实生活中绝大多数企业位于行业生产率边界以内，这些企业向标杆企业靠拢的行为，如引入标杆企业行之有效的管理实践、采用相较于既有管理实践更为先进的技术和更为有效的管理模式和管理方法，都会推动该企业的生产率边界外移。于是，企业的变革作为一种努力接近行业生产率边界的行为，将会提高企业的绩效。

学术界对组织变革与组织绩效的关系进行了探究，并得到了一些具有参考价值的结论。这方面的研究大致可以分为两类：

一类是把组织变革作为整体构念以分析其与组织绩效的关系。这类研究的主要代表有：D'Aveni（1994）认为组织只有不断实施变革，才能在具有动态性和复杂性的超级竞争环境中获取和保持竞争优势。Donaldson（2000）认为，绩效的下滑给企业带来生存危机，迫于绩效压力，组织通常进行变革以重新获得竞争优势。因此变革是企业卓越绩效的保障，只有不断地进行变革，改善适应力，组织才会持续成长，保持高的绩效水平。一些实证研究也验证了上述观点，如曾楚宏和吴瀚（2010）发现，基于信息技术的组织变革对组织绩效具有显著的正向影响。

另一类研究是将组织变革作为可以分解成多个维度的构念，并分析这些维度与组织绩效的关系。霍明（2012）的研究表明，组织战略、业务流程、组织结构变革和市场绩效、财务绩效、组织绩效呈正向关系。高敏（2011）的研究表明，组织流程、结构、文化等变革与产品创新绩效之间的关系在知识管理能力强的企业中呈正相关，而在知识管理能力弱的企业中呈负相关。胡浩（2010）的研究揭示，传统制造企业借助内部创新或风险投资开创新的业务，并通过战略更新活动促进组织变革，从而对变革绩效产生显著的正向影响。朱轶天（2014）的研究也肯定了客户关注、流程简化、组织结构重组三方面的变革对企业业绩的正向影响。上述研究成果表明，尽管将组织变革分解成多个维度，其与组织绩效的关系并不完全确定，但总体而言，支持组织变革对组织绩效产生正向影响的结论。

为了深入探究实践中组织变革及各个变革维度与组织

绩效之间的多样性关系，以便更有针对性地提出管理建议，本研究对上述两类研究取向进行了综合，既探讨作为整体构念的组织变革与绩效的关系，又分析组织变革各个维度与组织绩效的关系，并提出如下研究假设：

研究假设 H2：组织变革作为整体构念对组织绩效具有显著正向影响，即组织变革会提升组织的绩效，但组织变革各维度对组织绩效有不同的影响。

三、组织变革与员工绩效的关系

学术界对组织变革与员工绩效关系的研究尚未达成一致。有研究者认为组织变革是一种压力源，可能导致部分员工工作不保、既有地位丧失、可用资源减少、角色冲突增加、控制感降低等情况，使个体的安全需求受到冲击，员工体验到心理契约违背（刘思亚，2014），心理所有权降低（栾春艳，2011；林文珏，2010），从而消极地反映在工作绩效上。

也有研究者持不同的观点，他们认为对员工产生负向影响的更多的是组织变革给员工心理造成的不确定性，而不是变革本身（盛琼芳等，2009）。首先，如果员工对组织变革持有支持性认知，如变革的意义、变革的未来效益等，组织变革与员工绩效会形成显著正相关的关系（王琴，2008）。王晓萍和栾春艳（2010）的研究也表明，代表员工共同价值观和利益观并得到员工支持的组织变革会推动员工绩效的发展，会对员工绩效产生积极的影响。其次，从积极组织行为学视角看，组织变革的不确定性引发的工作压力也具有积极意义（鞠蕾，2012）。工作绩效可以视为员工应对组织变革压力的策略，对威胁和动荡的变革环境的感知激发了工作的保存动机，使组织成员能够齐心协力共同克服困难，以积极的工作、较好的绩效来面对变革（Allen，2003）。

综合以上两种不同的观点，本研究提出如下假设：

研究假设 H3：组织变革作为整体构念对员工绩效具有显著正向影响，即组织变革会提升员工的绩效，但组织变革各维度对员工的绩效有不同的影响。

四、工作不安全氛围与组织绩效和员工绩效的关系

已有研究发现，个体和群体层面的员工情绪会影响他们在变革过程中的行为和变革结果（Liu 和 Perrewe，2005；Paterson 和 Hartel，2002），如作为组织因素的心理安全会对变革效果产生影响（王重鸣等，2011）。心理安全是一个多层面的认知型构念，指的是个体在如实表现自我时，相信其自我形象、地位和职业生涯等不会受到负面评价的感知，也是个体在群体、组织和人际交互中能够感受到安全的共享信念（凌斌等，2010）。组织推动变革的压力氛围与变革抵制的态度和行为负相关（林静，2015）。那么与变革紧密相关的员工对失去工作和失去工作重要特征的工作不安全感是否也会对组织变革效果产生影响值得进一步探讨。

按照情绪事件理论，组织变革是一系列触发员工强烈

和持久的情绪反应的工作场所情绪事件,变革会引发工作不安全感。现有研究普遍认为工作不安全感是一种消极的压力体验,与较低的工作满意感(Mauno 等,2005;Näswall 等,2005;Sora 等,2010)、较强的离职意愿(Emberland 和 Rundmo,2010;Mauno 等,2013)、较少的组织承诺(Bernhard-Oettel 等,2011)、较少的工作投入(Sverke 等,2002)和较低的绩效(Cheng 和 Chan,2008)有关。与消极结果紧密相关的工作不安全感,既有成员对工作缺乏安全的认知成分,也有对维持所希望的可存续性的无助感等消极情绪成分。因此,工作不安全感作为消极的变革认知与情绪反应会影响员工在变革中的行为,员工可能会陷入对失去重要工作甚至失业的无助中而无心工作,并最终对组织变革效果产生负面影响。

虽然目前尚缺乏工作不安全氛围对组织绩效和员工绩效影响的实证研究,但现有研究表明工作不安全氛围和工作不安全感有类似消极的作用结果。如工作不安全氛围与工作满意度、组织承诺、组织信任负相关(Sora 等,2009;Sora 等,2013),与离职倾向正相关(Mauno 等,2013)。个体感知的工作不安全氛围作用结果表明,感知到更强的工作不安全氛围的个体报告了更高水平的情绪耗竭和更低水平的健康状况(Låstad 等,2016a)。

我们据此推断工作不安全氛围作为一种阻碍性压力氛围和情感氛围(Jiang 和 Probst,2015)会对个体的绩效产生消极影响。

从以往的研究看,研究者多从微观的视角探讨工作不安全氛围对员工个体态度和行为的影响，几乎未涉及工作不安全氛围在较大层面的影响效果研究。作为管理者不容忽视的一个问题是工作不安全氛围作为工作场所中典型的消极氛围是否会对组织绩效产生影响。按照情绪感染理论，负面情绪对员工绩效产生的消极影响会在群体成员之间感染、传播，进而对整个组织绩效产生不利影响。

据此本研究提出如下假设：

研究假设 H4：工作不安全氛围对组织绩效有显著负向影响。

研究假设 H5：工作不安全氛围对员工绩效有显著负向影响。

五、工作不安全氛围的中介作用

从以往的研究可以看出，氛围对组织变革至关重要。正如 Schneider 等（1996）指出的，组织变革失败的一个重要原因是没能改变组织成员对组织的基本心态和共有感知，这种共有感知就是氛围。前文比较全面地分析了组织变革对工作不安全氛围的影响以及工作不安全氛围对组织绩效和员工绩效的影响，本研究同时提出工作不安全氛围是组织变革与变革效果间的中介变量。根据情绪事件理论，组织变革可以理解为一系列触发员工强烈和持久的情绪反应的工作场所情绪事件，情绪累积会产生相应的态度和行为。相关研究也证实了个体和群体层面的员工情绪可以影响他们在变革过程中的行为和变革的结果（Liu 和 Perrewe，2005；Paterson 和 Hartel，2002）。

变革会引发工作不安全氛围,而已被证实与消极结果紧密相关的工作不安全氛围既有成员对组织普遍缺乏工作安全感的共同认知成分(Sora 等,2009),也有对维持所希望的可存续性的无助感等消极情绪成分(Jiang 和 Probst,2015),而消极的情绪累积通常会导致负向的态度和行为。工作不安全氛围作为消极的变革认知与情绪反应会影响员工在变革中的行为,并在绩效上有所体现,员工可能会陷入对失去重要工作特征甚至失业的担忧无助中而无心工作,导致绩效降低,并最终对组织变革效果产生负面影响。据此本研究提出如下假设:

研究假设 H6:工作不安全氛围在组织变革与组织绩效之间起消极的中介作用。

研究假设 H7:工作不安全氛围在组织变革与员工绩效之间起消极的中介作用。

第三节 变革型领导与变革管理的调节作用

本研究选择组织变革作为前因变量,同时将变革型领导以及变革管理因素作为调节变量,详见图 2-1。下面分别就组织变革与工作不安全氛围的关系以及调节变量的影响作用提出相应的研究假设。

一、变革型领导在组织变革与工作不安全氛围之间的调节作用

资源保存理论认为,失去有价值的资源或面临这种威胁,获得有价值资源的因素不充分及获得的保护或培育有价值资源的途径不清晰是个体产生不安全感的主要情境。因此,组织变革中若涉及失去有价值的资源或面临这种威胁就有可能导致工作不安全感,而组织若能够提供对有价值资源的保护途径和保护因素则会抑制工作不安全感的产生。按照资源保存理论,领导的作用是一种能够降低不确定性的资源,能够对组织变革引起的工作不安全感起到抑制作用。

变革型领导是在经济社会急剧变化导致西方企业面临转型需要变革的背景下应运而生的领导研究领域新范式(李琳等,2011),引领组织变革是变革型领导最大的特点(张京,2013)。作为一种合作、决策分享取向的领导风格,变革型领导强调专业能力的发展与授权,了解变革而且鼓励成员进行变革(Shah等,2001)。组织变革的研究越来越普遍地发现,领导者如何对待下属对下属在变革执行中的反应有着强有力的决定作用(Seo,2012),变革型领导在变革期间的有效性被反复证实(Herold等,2008)。如在对员工的变革反应上,变革型领导多次被证明对增强员工变革承诺、降低变革犬儒主义具有显著效果,变革型领导风格对组织变革过程和组织变革认同感都有显著的正效应。

也有学者指出，变革型领导所强调的愿景激励、授权、敏感下属的需求等特质与有效降低工作不安全感的行为如充分沟通（Vander 等，2010；Huang 等，2012）、为下属提供参与机会、为下属创造公正感（Witte，2005）等领导行为具有高度的相似性（陈亮等，2014）。

Herold 等（2008）研究发现变革型领导比具体的变革管理实践对追随者的变革承诺更密切相关。实证研究也表明，变革型领导行为对组织工作氛围的形成和组织成员对工作氛围的感知均有明显的影响（Koene 等，2002），由此可以推断，变革型领导不仅会对个体的工作不安全感产生影响，也会对作为群体感知的工作不安全氛围的形成产生影响，即能够显著降低因失去有价值的资源或面临失去有价值资源的威胁可能导致的工作不安全氛围。

根据以上分析，本研究提出如下假设：

研究假设 H8：变革型领导在组织变革对工作不安全氛围的影响中具有负向调节作用。

二、变革管理在组织变革与工作不安全氛围之间的调节作用

根据意义建构（sensemaking）理论，员工对组织变革的认知和情绪反应是在与组织的交互过程中形成的。触发员工变革反应的直接刺激源并不是变革事件本身，而是产生于员工对变革事件的意义建构过程（Helpap 和 Bekmeier-Feuerhahn，2016）。因此，有效的变革管理行为可以帮助员工建构对组织变革事件的积极认知。如变革

管理可以通过创造共同的变革愿景，在员工之间形成统一的变革价值观；鼓励员工参与变革决策过程，提升员工对变革过程和变革结果的预测性，降低员工的焦虑无助情绪；加强变革沟通，对变革过程给予有规律的反馈，降低员工的不确定性感知（Bordia；2006）；组织可以通过培训等方式提升员工的可雇佣性，帮助员工适应新的岗位以及应对变革所带来的挑战。一系列实证研究也证实了沟通和参与可以增加员工对被组织公平对待的感知及员工对未来的掌控感，提高员工对组织变革的过程和变革结果的可预测性，显著降低员工的工作不安全感（Witte，2005；Vander 等，2010；Huang 等，2012；Smet 等，2016）。Kinnunen 等（2000）的研究也表明组织营造工作可存续性的信任氛围有利于降低工作不安全感。同时依据资源保存理论，变革管理行为所包含的沟通、参与、支持等既提供了保障员工变革利益的经济性资源，也体现了尊重员工的社会情感性资源，降低组织变革引起的员工对工作丧失的无助感。

根据以上分析，本研究提出如下假设：

研究假设 H9：变革管理在组织变革对工作不安全氛围的影响中具有负向调节作用。

三、变革型领导对工作不安全氛围中介效应的调节作用

基于变革型领导能够调节组织变革和工作不安全氛围之间关系的思路，本研究认为，一定程度上企业的变革型

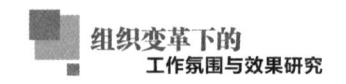

领导者能削弱工作不安全氛围在组织变革与变革效果间的消极的中介效应，促进组织变革带来的积极效果。具体而言，工作不安全感氛围中介了组织变革对变革效果的影响，而该中介作用的大小受变革型领导的调节作用的影响，即当变革型领导程度较高时，工作不安全氛围对组织变革与变革成效之间的中介作用较小；当变革型领导程度较低时，工作不安全氛围对组织变革与变革效果之间的中介作用较大。据此，本研究提出下述有调节的中介效应假设：

研究假设 H10：变革型领导对工作不安全氛围在组织变革和组织绩效之间的中介效应起负向调节作用。

研究假设 H11：变革型领导对工作不安全氛围在组织变革和员工绩效之间的中介效应起负向调节作用。

四、变革管理对工作不安全氛围中介效应的调节作用

基于变革管理能够调节组织变革和工作不安全氛围之间关系的思路，本研究认为，如果企业采取适当的变革管理，一定程度上就能削弱工作不安全氛围在组织变革与变革效果间的消极的中介作用，促进组织变革带来的积极效果。

具体而言，当变革管理程度较高时，组织给予员工的支持更多，员工对变革的参与程度更高，组织中的工作不安全氛围程度较低，员工对此的感知也较低，因而工作不安全氛围对组织变革效果的消极影响较弱，工作不安全氛

围在组织变革对其效果影响中的中介作用也较弱；当变革管理程度较低时，工作不安全氛围对组织变革与变革效果之间的消极的中介作用较大。

据此，本研究提出下述有调节的中介效应假设：

研究假设 H12：变革管理对工作不安全氛围在组织变革和组织绩效之间的中介效应起负向调节作用。

研究假设 H13：变革管理对工作不安全氛围在组织变革和员工绩效之间的中介效应起负向调节作用。

本章小结

本章在回顾组织变革、工作不安全氛围国内外文献的基础上构建了工作不安全氛围影响因素及作用结果的理论模型。

基于相关文献和理论基础，本章提出了 13 个研究假设，包括组织变革对工作不安全氛围和变革效果的影响，工作不安全氛围对结果变量的影响，工作不安全氛围在组织变革及其效果间的中介作用，变革型领导和变革管理对组织变革和工作不安全氛围之间的调节作用以及对工作不安全氛围中介效应的调节作用，这些研究假设的提出为后续章节的实证研究奠定了基础。

第三章　组织变革量表和变革管理量表修订

组织变革和变革管理作为抽象的概念，与大多数管理学概念一样不能被直接观察，必须对其进行操作化。所谓操作化，是指根据对概念的理解和定义，用合适的测量指标对概念所代表的现象进行科学的描述、区分、解释及预测的过程（梁建等，2012）。基于研究者认为组织变革量表和变革管理量表的内涵需要进一步探讨，量表所包含的维度需要进一步厘清的观点，以及本研究认为直接将国外的变革管理量表用于中国情境会存在一定的文化适应性问题，有必要对组织变革量表和变革管理量表进行修订。

本章将严格按照量表修订的基本程序，以测量题项的收集为起点，通过探索性与验证性因子分析两个步骤对我国组织情境下组织变革量表和变革管理量表的结构维度进行系统分析，从而为后续的实证研究提供一个可靠的研究工具。量表的具体修订步骤如下：

（1）拟定量表题目，题项主要来源于已有的文献；

（2）由人力资源管理专家团队对题项进行内容分析，保留达成一致的题项，删除分歧较大而不能达成统一意见的题项；

（3）将保留的题项编制成量表，进行预调查，预调查的样本要达到题项数的5~10倍（吴明隆，2010），并对题项进行探索性因子分析；

（4）根据探索性因子分析的结果对调整后的量表进行调查，通过调查数据对量表进行信度、效度检验以及验证性因子分析。

第一节　组织变革量表修订

一、组织变革量表修订的理论分析

目前，学术界对组织变革测量体系的研究较为丰富，这也为本研究中组织变革的测量提供了坚实的基础。具体来讲，一些研究者基于变革性质视角对组织变革进行了界定，将组织变革界定为关键事件（Morgan和Zeffane，2003），与之对应的该类测量量表主要用具有代表性的特殊事件来代表组织变革，以往工作不安全感影响因素的研究中多采用该类型的量表，如由Ashford（1989）开发、Lee等（2006）修订的量表，以裁员、重组等少量题项对变革进行测量，没有进行维度区分。

另一类测量量表对组织变革划分了维度，但由于对组织变革内容的理解不同，划分的维度也不同，如国内常用的卢中原（2006）开发的量表，将组织变革分为组织结构

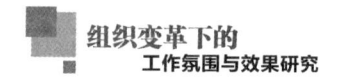

变革、工作技术变革和人员行为变革三个维度进行测量。张峻源（2001）提出组织变革包括组织文化变革、组织技术变革、组织结构变革、组织人员变革四个维度。霍明（2012）以国内226家企业中的工作人员为样本开发的量表将组织变革分为组织战略变革、组织结构变革和组织业务流程变革三个维度。并且不同的量表测量重点也不同，以卢中原（2006）开发的量表为例。该量表是针对我国台湾地区的学校变革展开的，研究者在使用时需要针对受访对象的特点进行适当的修订（王玉峰等，2016）。且该量表虽包含测量变革的动态行为如"建立健全的绩效评估制度"，但并没有突出对变革行为的测量，题项多为"发展目标能够兼顾社区、教师及行政机构的要求""各处室与组织的功能发挥得宜"等更侧重变革结果的内容。

本研究将组织变革看成一个整体系统的构念，而不局限于独立的关键变革事件，既关注偶发的激进式变革事件，也关注持续的渐进式变革。在国内外学者的研究基础上，笔者将组织变革解读为组织为获得持续竞争优势、改善绩效而进行的组织行为，包括战略决策、业务流程、组织结构、管理模式、组织观念等方面的改变和调整。该定义既涵盖了大规模、根本性的变革，也包括组织为持续适应做出的调整，既包括渐进式变革和激烈式变革，也包括偶发式变革和持续式变革，沿用现有的组织变革量表并不能满足本研究的需要，因此要对现有的组织变革量表进行修订。

二、组织变革量表的题项拟定

采用内容编码方法对国内外有关组织变革量表的题项进行文献分析，挑选出能反映组织变革的测量题项。以下是对组织变革量表的文献分析。

文献分析是对收集到的国外学者关于组织变革的量表条目进行翻译、回译、整理和分析，同时将国内学者开发的量表进行归类和分析。其中组织变革题项主要来源于卢中原（2006）、Lee等（2006）、Baillien和Witte（2009）、霍明（2012）等的研究，得到了23个组织变革的初始题项，见表3—1。

表3—1 国内外组织变革题项汇总

编号	题项	编号	题项
1	公司弹性分配事务及人员调配	13	公司的业务流程相关部门之间具有良好的协调和沟通能力
2	公司能随时调整各项工作内容与程序	14	公司的业务流程能够很好地支持企业的产品和服务创新战略
3	公司关注经营环境的变化和竞争对手的战略导向，并据此适时调整战略	15	公司进行了重大重组
4	公司把满足客户需求作为战略目标，并进行系统的客户满意度调查评估	16	公司让员工从事危险工作
5	公司把非核心的支持性业务的外包作为企业战略的重要内容	17	公司采用了可能削减目前工作岗位的新技术

续表3-1

编号	题项	编号	题项
6	公司善于自我否定和更新，将内生性创新机制的形成作为重要战略	18	公司削减了劳动力规模
7	公司的组织结构层级减少，中层管理人员数量下降，组织结构趋于扁平化	19	公司与其他公司合并
8	公司给予企业的基层员工很大的工作自主权	20	公司对雇佣合同进行了调整
9	公司能够快速与合作伙伴建立虚拟团队，组织边界趋于模糊化	21	公司建立了健全的绩效评估制度
10	公司注重控制纵向一体化程度，企业规模没有明显扩大	22	公司采取人性化管理提升员工士气
11	公司业务流程具有柔性，能够以客户的个性化需求为导向，迅速调整业务流程	23	公司各项工作流程能因变革需要而重新调整
12	公司积极改进业务流程		

三、组织变革量表题项的内容分析

对文献分析后的题项按照以下两个标准筛选：（1）分析题项的描述是否清楚、准确，有没有歧义；（2）分析题项的陈述能否准确地表达所测的内容，即对量表的内容效度进行评估（黄丽，2013）。在保证研究者清楚上述标准之后，按照下列步骤对题项进行内容分析：

（1）由两名人力资源管理方向的研究者分别对上述题项进行整理、归类和编码，将认为需要删除和合并的题项用不同的颜色标明,并注明删除的原因和合并题项后的命名。

(2) 对背靠背编码的结果进行统计,分为达成共识和未达成共识两种情况;将统计后的结果再次由两位研究者进行内容分析,经讨论删除分歧较大而不能形成统一意见的题项,最终组织变革量表保留了 20 个题项。

(3) 在人力资源管理及组织行为学教授的带领下,对保留 20 个题项的组织变革量表进行多轮讨论,对组织变革量表中两个描述不清楚、翻译不恰当的题项进行修订,最终仍保留了 20 个题项。

(4) 邀请 4 名人力资源管理方向的硕士和博士研究生以及 8 名企业员工以面对面和网络的方式对保留的题项进行讨论,并进行预测试,主要检验题项的表述是否清楚,是否准确表达了测量的内容以及填写量表所花费的时间。最终内容分析结果详见表 3—2。

表 3—2 经过内容分析后保留的组织变革量表题项

序号	题项
1	公司关注经营环境的变化和竞争对手的战略导向,并据此适时调整战略
2	公司把满足客户需求作为战略目标,并进行系统的客户满意度调查评估
3	公司把非核心的支持性业务的外包作为企业战略的重要内容
4	公司善于自我否定和更新,将内生性创新机制的形成作为重要战略
5	公司的组织结构层级减少,中层管理人员数量下降,组织结构趋于扁平化

续表3-2

序号	题项
6	公司给予企业的基层员工很大的工作自主权
7	公司能够快速与合作伙伴建立虚拟团队，组织边界趋于模糊化
8	公司注重控制纵向一体化程度，企业规模没有明显扩大
9	公司业务流程具有柔性，能够以客户的个性化需求为导向，迅速调整业务流程
10	公司积极进行业务流程改进
11	公司的业务流程相关部门之间具有良好的协调和沟通能力
12	公司的业务流程能够很好地支持企业的产品和服务创新战略
13	公司进行了重大重组
14	公司采用了可能削减目前工作岗位的新技术
15	公司削减了劳动力规模
16	公司与其他公司合并
17	公司对雇佣合同进行了调整
18	公司建立了健全的绩效评估制度
19	公司采取人性化管理提升员工士气
20	公司各项工作流程能因变革需要而重新调整

四、组织变革量表的探索性因子分析

预测试量表编制完成后，应首先进行预试，以进一步对量表的信度、效度进行分析。按照样本的数量不低于题项数的5～10倍的要求（吴明隆，2010），笔者于2017年4月至6月，通过在MBA课堂上对学生集中发放问卷及到企业实地调研与委托代发的方式，共发放预测试问卷265份，其中电子版问卷130份，纸质版问卷120份，回收问卷236份,并按以下步骤剔除无效问卷:第一步,目测,将呈现规律性、周期性,统一作答的问卷作为无效问卷剔除,问卷题目有大量未作答的以及大量多选的也视作无效问卷;第二步,根据题项中的反向题的回答,如果反向题的评分与其他题项的评分矛盾,则视为无效问卷(王光明等,2016)。剔除不合格问卷后,有效问卷一共205份,问卷有效率为77.35%。本研究用该调查数据对组织变革问卷和变革管理问卷进行探索性因子分析。样本的特征描述见表3—3。

表3—3 预试样本的特征描述(N=205)

变量	分类	占比(%)	变量	分类	占比(%)
性别	男	40.97	企业性质	民营企业	38.54
	女	59.02		国有企业	21.46
学历	大专及以下	12.20		外资企业	16.59
	本科	55.12		经营性事业单位	16.10
	硕士及以上	32.68		其他	7.32
在公司的工作年限	不到1年	21.46	职位层次	普通员工	36.10
	1~3年	35.12		基层管理者	30.73
	3~5年	14.15		中层管理者	26.34
	5年及以上	29.27		高层管理者	6.83
年龄	29岁及以下	46.83	用工方式	3年及以下合同	54.63
	30~39岁	44.88		3年以上合同	45.37
	40岁及以上	8.29			

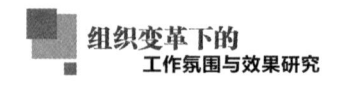

采用探索性因子分析考察组织变革的因子结构，确定组织变革的正式量表，用临界比值、Cronbach's α 系数、相关分析、因子载荷和交叉载荷数等指标考察问卷的信度、效度。

（一）组织变革量表项目分析

项目分析的主要目的在于检验编制的量表题项的适切性与可靠程度。项目分析的步骤包括：

(1) 检查输入的数据有无错误值和缺失值，并进行相应的处理；

(2) 对量表题项进行加总，再将分数按递增或递减的方式排序，按样本数的 27% 为临界值进行高低分组，对高低两组在各题项上的平均得分进行独立样本 T 检验；

(3) 求题项与总分的相关系数及信度检验；

(4) 因子载荷量检验（吴明隆，2010）。

（二）错误值和缺失值检验

数据采用李克特 6 点计分，经过检查，分值均在 1 分至 6 分之间，数据的录入没有错误值。数据的填写存在缺失值，按"序列均值"对缺失值进行替换处理。

（三）高低分组及独立样本 T 检验

首先对 20 道题项进行加总、排序，然后按样本数 27% 的值进行高低分组，接着进行独立样本 T 检验，结果见表 3—4。

表 3-4 独立样本 T 检验 (N=205)

题项	方差齐性的 Levene 检验		均值方程的 T 检验		
	F	Sig.	t	df	Sig.（双侧）
OC1	7.759	0.006	6.533	115	0.000
			6.524	111.597	0.000
OC2	26.964	0.000	8.112	115	0.000
			8.070	83.099	0.000
OC3	16.132	0.000	4.655	115	0.000
			4.642	102.670	0.000
OC4	3.865	0.052	10.094	115	0.000
			10.078	110.498	0.000
OC5	5.849	0.017	6.360	115	0.000
			6.347	107.983	0.000
OC6	0.120	0.730	9.364	115	0.000
			9.357	113.663	0.000
OC7	13.697	0.000	11.286	115	0.000
			11.251	100.972	0.000
OC8	3.089	0.081	3.780	115	0.000
			3.775	110.696	0.000
OC9	20.084	0.000	12.075	115	0.000
			12.023	91.011	0.000
OC10	4.785	0.031	9.363	115	0.000
			9.342	106.305	0.000
OC11	14.541	0.000	9.363	115	0.000
			9.333	100.004	0.000

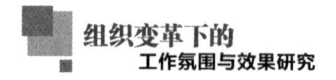

续表3-4

题项	方差齐性的 Levene 检验		均值方程的 T 检验		
	F	Sig.	t	df	Sig.（双侧）
OC12	11.541	0.001	8.992	115	0.000
			8.964	100.031	0.000
OC13	0.000	0.993	7.250	115	0.000
			7.250	114.937	0.000
OC14	0.976	0.325	11.277	115	0.000
			11.264	112.663	0.000
OC15	1.394	0.240	7.067	115	0.000
			7.061	113.698	0.000
OC16	5.093	0.026	5.180	115	0.000
			5.186	113.674	0.000
OC17	1.722	0.192	7.113	115	0.000
			7.109	114.067	0.000
OC18	14.182	0.000	9.532	115	0.000
			9.500	98.958	0.000
OC19	9.849	0.002	12.335	115	0.000
			12.304	104.953	0.000
OC20	2.093	0.151	9.660	115	0.000
			9.648	112.142	0.000

表3-4中的"OC"为组织变革（Organizational Change）的首字母缩写，OC1至OC20分别对应表3-3中组织变革的题项。

将每个题项的高分组和低分组进行独立样本 T 检验，

对每一条目是否具有鉴别度的具体分析遵循如下要求：

（1）如果某个条目的"方差齐性的 Levene 检验"的 F 检验显著（$p<0.05$），则表示两个组别的方差不相等，此时要看第二栏"假定方差不相等"的 t 值的显著性，若 t 值显著（$p<0.05$），则此题具有鉴别度；若 t 值不显著（$p>0.05$），则此题不具有鉴别度；

（2）如果某个条目的"方差齐性的 Levene 检验"的 F 检验不显著（$p>0.05$），则表示两个组别的方差相等，此时要看第一栏"假定方差相等"的 t 值的显著性，若 t 值显著（$p<0.05$），则此题具有鉴别度；若 t 值不显著（$p>0.05$），则此题不具有鉴别度（吴明隆，2010）。

从表 3-6 的结果来看，所有条目的 t 值均显著，具有良好的鉴别度，保留所有条目，以进一步作因子分析。

（四）题项与总分的相关系数和信度系数

题项与该量表总分相关度越高，表示题项与整体量表的同质性越高；如果题项与总分的相关系数未达到显著，或两者的相关系数小于 0.4，表示题项与整体量表的同质性不高，则应将该题项删除（吴明隆，2010）。本研究中所有题项与总分之间均达到显著相关，除题项 3 和题项 8 以外的相关系数均高于 0.4，考虑删除题项 3 和题项 8，其余题项予以保留。

信度代表量表的一致性和稳定性，在社会科学领域多用 Cronbach's α 系数检验预测量表内部的一致性。信度检验旨在检验题项删除后整体量表的信度系数的变化情况，如果题项删除后量表的整体信度系数比原来的信度系数高,则表示该题项与其他题项的同质性不高,需要将此题项删除(吴明隆,2010)。组织变革量表整体的Cronbach's α 系数值为 0.885,除题项 3 和题项 8 以外的题项删除后并没有使整体量表的 Cronbach's α 系数提高,因此综合考虑题项与总分的相关系数及信度检验,删除题项 3 和题项 8,其余 18 个题项予以保留。

题项与总分的相关系数与信度系数见表 3-5。

表 3-5 组织变革量表题项分析结果 (N=205)

题项	平均数 Mean	标准差 Std. Deviation	题项与总分的相关系数	删除该条目后问卷 Cronbach's α 系数	删除或保留
OC1	4.327	1.3156	0.560**	0.879	保留
OC2	4.459	1.2424	0.534**	0.880	保留
OC3	3.839	1.5619	0.374**	0.887	删除
OC4	4.054	1.4184	0.637**	0.877	保留
OC5	3.707	1.4080	0.451*	0.883	保留
OC6	3.312	1.3720	0.562**	0.879	保留
OC7	3.644	1.4090	0.662**	0.876	保留
OC8	3.644	1.3266	0.333**	0.886	删除
OC9	3.893	1.4171	0.675**	0.875	保留
OC10	4.029	1.3318	0.672**	0.875	保留
OC11	3.946	1.3031	0.636**	0.877	保留
OC12	3.829	1.3266	0.652**	0.876	保留
OC13	3.068	1.5451	0.485**	0.883	保留
OC14	3.283	1.4307	0.635**	0.877	保留
OC15	3.254	1.4362	0.488**	0.882	保留
OC16	2.263	1.4616	0.454**	0.883	保留

续表3-5

题项	平均数 Mean	标准差 Std. Deviation	题项与总分的相关系数	删除该条目后问卷 Cronbach's α 系数	删除或保留
OC17	2.946	1.4045	0.473**	0.882	保留
OC18	3.961	1.5011	0.605**	0.878	保留
OC19	3.727	1.4698	0.685**	0.875	保留
OC20	3.815	1.2928	0.679**	0.875	保留

（五）组织变革量表探索性因子分析结果

项目分析后，需要检验量表的结构效度（Construct Validity）。结构效度是指量表能测量理论的概念或特质的程度。采用的方法是探索性因子分析法（Exploratory Factor Analysis），其目的在于找出量表潜在的结构，减少题项的数目，使之变成一组题项较少而彼此相关性较大的变量（吴明隆，2010）。

（六）题项间相关系数分析

进行题项间相关系数分析的目的在于分析数据是否适合进行因子分析。具体做法是检查各题项间的相关系数是否显著（$p<0.05$），同时看题项间相关系数的大小。如果相关系数偏低则要找出共同因子比较困难，但若题项间的相关系数太高（$r>0.8$），也不适合进行因子分析，需删除后再进行因子分析（吴明隆，2010）。根据相关矩阵，相关系数的值均未超过0.80，因此题项适合进行因子分析。详见表3-6。

表 3-6 题项间的相关系数 (N=205)

题项	OC1	OC2	OC4	OC5	OC6	OC7	OC9	OC10	OC11	OC12	OC13
OC1	1										
OC2	0.530**	1									
OC4	0.429**	0.401**	1								
OC5	0.145**	0.196**	0.256**	1							
OC6	0.174**	0.224**	0.428**	0.263**	1						
OC7	0.283**	0.351**	0.442**	0.267**	0.465**	1					
OC9	0.346**	0.445**	0.362**	0.229**	0.326**	0.427**	1				
OC10	0.435**	0.427**	0.476**	0.153**	0.347**	0.355**	0.570**	1			
OC11	0.333**	0.296**	0.422**	0.216**	0.397**	0.401**	0.340**	0.464**	1		
OC12	0.387**	0.402**	0.388**	0.225**	0.350**	0.380**	0.456**	0.512**	0.618**	1	
OC13	0.101**	0.091*	0.121**	0.132**	0.032	0.141**	0.147**	0.176**	0.103**	0.192**	1
OC14	0.223**	0.155**	0.197**	0.176**	0.168**	0.195**	0.270**	0.218**	0.189**	0.251**	0.399**
OC15	0.129**	0.112**	0.067	0.174**	-.041	0.088*	0.191**	0.133**	0.061	0.098**	0.246**

续表 3-6

题项	OC1	OC2	OC4	OC5	OC6	OC7	OC9	OC10	OC11	OC12	OC13
OC16	0.157**	0.081*	0.093*	0.183**	0.031	0.125**	0.112**	0.082*	0.143**	0.190**	0.389**
OC17	0.090*	0.144**	0.132**	0.167**	0.096*	0.102**	0.203**	0.133**	0.205**	0.204**	0.217**
OC18	0.143**	0.169**	0.275**	0.078*	0.241**	0.227**	0.145**	0.227**	0.367**	0.284**	0.129**
OC19	0.340**	0.278**	0.390**	0.214**	0.380**	0.405**	0.342**	0.403**	0.523**	0.499**	0.044
OC20	0.396**	0.384**	0.378**	0.192**	0.250**	0.319**	0.413**	0.560**	0.403**	0.490**	0.243**
OC14	1	0.488**	0.345**	0.289**	0.253**	0.217**	0.310**	OC14	1	0.488**	0.345**
OC15		1	0.281**	0.325**	0.105**	0.058	0.184**	OC15		1	0.281**
OC16			1	0.379**	0.153**	0.154**	0.204**	OC16			1
OC17				1	0.248**	0.209**	0.189**	OC17			
OC18					1	0.452**	0.285**	OC18			
OC19						1	0.454**	OC19			
OC20							1	OC20			

注：* $p<0.05$；** $p<0.01$。

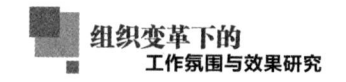

由表 3-6 可知，组织变革量表各题项之间呈显著的中低度相关（$p<0.05$），未出现相关系数大于 0.8 的情况，适合进行探索性因子分析。

（七）KMO 与 Bartlett's 球形检验

KMO 统计量通过比较各变量间简单相关和偏相关系数的大小判断变量间的相关性。KMO 的值介于 0 至 1 之间，越接近 1，表示抽取共同因子的效果越好。一般情况下，KMO≥0.90 表示非常适合因子分析，0.8≤KMO<0.90 表示比较适合，0.7≤KMO<0.80 表示尚可进行因子分析，KMO<0.50 则不适宜进行因子分析。

Bartlett's 球形检验用于检验相关矩阵是否为单位矩阵，即检验各个变量是否独立。若 Bartlett's 球形检验结果未达到显著水平，则表示相关矩阵不是单元矩阵，则各变量彼此独立，无法提取公因子；如果 Bartlett's 球形检验结果的显著性达到显著（$p<0.05$），则拒绝相关矩阵不是单元矩阵的假设，代表各变量间具有相关性，适合进行因子分析（吴明隆，2010）。

本研究的 KMO 值为 0.867，同时 Bartlett's 球形检验达到显著水平（$p<0.01$），说明适合进行因子分析。

（八）碎石图、整体解释变异量及旋转成分矩阵

本研究采用 SPSS 软件对 205 份数据进行探索性因子分析。采用主成分分析法（Principal Component Analysis）抽取共同因子，初步的共同性估计值为 1，转轴方法为直

交转轴的最大变异法（Varimax Solution），以因子负荷大于 0.45 为标准（吴明隆，2010）。经过探索性因子分析，结合碎石图决定因子数目。如图 3－1 所示，图的横坐标表示题项数，纵坐标表示特征值（Eigenvalue），从第三个因素后坡度变得平坦，说明可萃取出 3 个较为独立的因子。

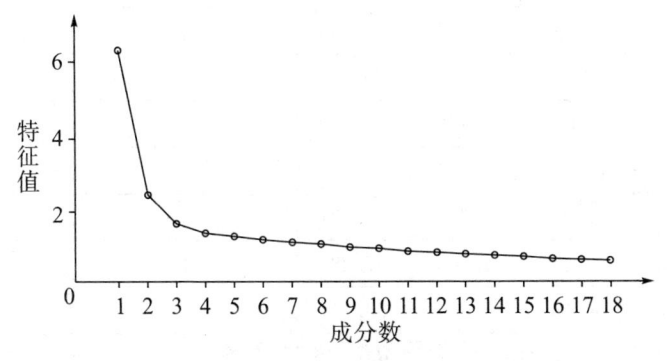

图 3－1 因子分析碎石图

组织变革原始量表整体解释变异量的结果见表 3－7。

表 3－7 组织变革原始量表整体解释变异量

成分	初始特征值			提取平方和载入		
	合计	方差（%）	累积（%）	合计	方差（%）	累积（%）
1	6.485	36.027	36.027	6.485	36.027	36.027
2	2.112	11.733	47.761	2.112	11.733	47.761
3	1.299	7.217	54.978	1.299	7.217	54.978
4	1.011	5.617	60.594	1.011	5.617	60.594
5	0.930	5.165	65.760			
6	0.831	4.618	70.378			

续表3-7

成分	初始特征值			提取平方和载入		
	合计	方差（%）	累积（%）	合计	方差（%）	累积（%）
7	0.730	4.054	74.432			
8	0.681	3.782	78.214			
9	0.584	3.244	81.458			
10	0.565	3.141	84.599			
11	0.484	2.687	87.286			
12	0.434	2.412	89.698			
13	0.389	2.162	91.860			
14	0.365	2.030	93.890			
15	0.340	1.891	95.781			
16	0.271	1.503	97.284			
17	0.264	1.465	98.749			
18	0.225	1.251	100.000			

由表3-7可知，共提取了4个特征根大于1的因子，4个因子的累计方差贡献率为60.594%。

根据碎石图来看，保留3个因子适宜，但从表3-9来看，共提取了4个共同因子。至于最终保留几个因子，还需要参考提取的共同因子是否有其合理性。因子的合理性有两个含义：一是共同因子包含的题项数最少在3题以上；二是题项变量所要测量的潜在特质类似，且因子可以命名（吴明隆，2010）。除了上述标准，题项的保留与否还需要考虑因子的交叉载荷，如果某个题项同时在两个因子的载荷都超过了0.4，那么该题项也应删除（邱浩政、林碧芳，2009；柯江林等，2009）。

表 3-8 转轴的成分矩阵

题项	成分			
	1	2	3	4
OC11	0.782	0.143	0.076	0.245
OC19	0.765	0.283	0.146	0.085
OC18	0.720	0.053	0.290	0.022
OC12	0.710	0.252	0.091	0.248
OC10	0.647	0.511	0.078	−0.042
OC20	0.525	0.467	0.341	−0.243
OC1	0.186	0.728	0.103	−0.106
OC2	0.007	0.726	0.025	0.381
OC4	0.384	0.650	0.058	0.044
OC7	0.231	0.603	0.200	0.333
OC9	0.272	0.597	0.221	0.266
OC15	0.099	0.097	0.746	−0.016
OC14	0.223	0.208	0.742	0.074
OC13	0.042	0.227	0.695	−0.135
OC16	0.063	−0.021	0.687	0.293
OC17	0.167	−0.030	0.671	0.166
OC5	0.139	0.150	0.191	0.685
OC6	0.364	0.447	−0.041	0.484

由表 3-8 可以看出，题项 18 的组织变革转轴后有 4 个因子，因子 1 包括 6 个题项，因子 2 包括 5 个题项，因子 3 包括 5 个题项，因子 4 包括 2 个题项（表上用阴影部

分加以区别)。从因子载荷来看,除题项 6 以外均超过 0.50,满足保留的条件;再看交叉载荷,发现 OC10、OC20、OC6 有两个因子的载荷量超过了 0.40,综合考虑先删除题项 OC6,由于每删除一个题项,因子的载荷就会发生变化,要根据删除后的结果再次选择需删除的题项,因此删除题项 OC6 后,根据因子载荷变化及保留条件,对不符合保留条件的题项逐个删除,直至题项均达到保留标准,最终探索性因子分析的结果汇总见表 3-9。

(九)组织变革量表探索性因子结果汇总及因子命名

探索性因子结果汇总和信度系数结果见表 3-9。

表3-9 组织变革探索性因子分析结果汇总 (N=205)

题项	因子载荷	共同性	题项与因子的相关系数	因子与总分的相关系数	Cronbach's α系数	特征根值	解释变异量
OC19 公司采取人性化管理提升员工士气	0.794	0.698	0.831**				
OC11 公司的业务流程相关部门之间具有良好的协调和沟通能力	0.786	0.656	0.785**				
OC18 公司建立了健全的绩效评估制度	0.730	0.607	0.734**	0.881**	0.865	3.473	24.80%
OC12 公司的业务流程能够很好地支持企业的产品和服务创新战略	0.726	0.636	0.781**				
OC10 公司积极推进行业流程改进	0.695	0.633	0.787**				
OC20 公司各项工作流程能因变革需要而重新调整	0.584	0.535	0.723**				
OC2 公司把满足客户需求作为战略目标，并进行系统的客户满意度调查评估	0.864	0.752	0.793**	0.783**	0.767	2.523	18.02%
OC9 公司业务流程具有柔性，能够以客户的个性化需求为导向，迅速调整业务流程	0.680	0.612	0.789**				

87

续表3-9

题项	因子载荷	共同性	题项与因子的相关系数	因子与总分的相关系数	Cronbach's α系数	特征根值	解释变异量
OC7 公司能够快速与合作伙伴建立虚拟团队，组织边界趋于模糊化	0.676	0.593	0.802**	0.783**	0.767	2.523	18.02%
OC1 公司关注经营环境的变化和竞争对手的战略导向，并据此适时调整战略	0.619	0.461	0.685**				
OC14 公司采用了可能削减目前工作岗位的新技术	0.782	0.703	0.805**	0.706**	0.756	2.503	17.88%
OC15 公司削减了劳动力规模	0.770	0.611	0.776**				
OC13 公司进行了重大重组	0.718	0.532	0.742**				
OC16 公司与其他公司合并	0.675	0.470	0.720**				

由表 3-9 可知，组织变革量表的总解释变异量为三个因子解释变异量之和，为 60.70%，提取后保留的因素联合解释变异量大于 60%，表示提取后保留的因素比较理想（吴明隆，2010）。探索性因子分析的最终结果显示，本研究所修订的组织变革量表共分为三个子维度，每个维度的因子载荷、共同性等指标均符合要求。本研究将根据各维度中题项所反映的内容对因子命名。

1. 因子 1 的命名

本研究的第一章将组织变革解读为：组织为获得持续竞争优势，改善绩效而进行的组织行为，包括战略决策、业务流程、组织结构、管理模式、组织观念等方面的改变和调整。该定义既涵盖了大规模、根本性的变革，也包括组织为持续适应做出的调整，既包括渐进式变革和激进式变革，也包括偶发式变革和持续式变革。

从因子 1 的题项中可以看出，这一维度包括"业务流程改进""人性化管理""制度的建立健全"等关键词，所代表的并不是独立的变革事件或状态性的研究，而是持续的幅度和规模较小的改变和调整。在实践界，管理改进是指全员参与、持续不断地逐步提高管理水平的变革，也是研究者大力倡导的管理变革与创新的基本途径（郑明身，2006）。维度 1 的题项很好地诠释了管理改进的内涵，故本研究将因子 1 命名为"管理改进"。

2. 因子 2 的命名

市场导向的概念起源于营销学领域，指管理者的关注点从企业自身向市场和顾客转变（Drucker，1954）。Kohli 和 Jaworski（1990）从行为过程视角将市场导向界定为组织关于现在和未来顾客信息的搜集、传播及整个组织对信息的反应。市场导向是提供独特的顾客价值、实现竞争优势的首要前提，许多学者的研究证实了市场导向对企业绩效有改善作用（姚梅芳等，2019）。因此这一概念既是国内外营销和变革领域重要的研究主题，也是企业建立竞争优势的重要选择（张婧等，2013）。

从本研究的因子2可以看出，这一维度包括四个题项，其中三个题项代表了组织的关注从自身向顾客的转变。具体而言，OC2的客户满意度调查体现了客户信息的搜集，OC7与OC9反映了组织对客户信息在业务流程、组织结构上的调整。以上题项涵盖了Kohli和Jaworski（1990）基于行为过程视角对市场导向的界定。OC1体现了组织对经营环境和竞争对手信息的搜集并据此做出的适时的调整，主要反映了组织的关注点从自身向市场的转变。以上四个题项完整涵盖了Drucker（1954）对市场导向的界定，故本研究将因子2命名为"市场导向"。

3. 因子3的命名

这一维度包括四个题项，主要内容为裁员和裁员预期、合并重组，故将其命名为"裁员重组"。

（十）组织变革量表的信度、效度分析

信度是指量表测试结果的一致性和稳定性，量表的信度越大，其测量标准误差越小。常用的检验信度的指标为

Cronbach's α 系数。Cronbach's α 系数最好在 0.80 以上，如果在 0.70 至 0.80 之间，也是可以接受的，如果维度的α系数在 0.60 以下或总量表的信度系数在 0.80 以下，应考虑重新修订量表或增删题项（吴明隆，2010）。

组织变革量表的 Cronbach's α 系数为 0.873，维度 1 "管理改进"的 Cronbach's α 系数为 0.865，维度 2 "市场导向"的 Cronbach's α 系数为 0.767，维度 3 "裁员重组"的 Cronbach's α 系数为 0.756，这表明组织变革量表通过了信度检验，具有理想的信度。

效度是指能够测出量表所要测量的心理或行为特质的程度。效度分为内容效度、结构效度和效标关联效度三种。内容效度指量表内容或题目的适切性与代表性，结构效度指能够测量理论的特质或概念的程度，效标关联效度指问卷与外在效标间关系的程度（吴明隆，2010）。

本研究主要通过内容效度和结构效度来进行量表的效度分析，题项主要来源于已有文献。通过研究者背靠背的编码分析，以及与人力资源管理和组织行为学教授及其团队的多轮讨论，并结合实践界的预测验，笔者对量表的题项内容进行了检视，判断题项内容是否能够真正测出组织变革的内涵，并对表述不清楚的语句进行了修改，以保证量表的内容效度。

在行为和社会科学研究领域，赋予变量操作型定义的程度是结构效度，其常用的检验方法是因子分析。本研究构建的组织变革量表包含的三个因子的总解释变异量为 60.70%，各题项含义清晰，可解释性强。另外，题项与因子的相关系数介于 0.685** 和 0.831** 之间（$p<0.01$），因子与总量表的相关系数介于 0.706** 和 0.881**（$p<0.01$）之间（详见表 3-9），说明内部同质性较好，组织变革量表具有较好的结构效度。

五、组织变革量表的验证性因子分析

为了进一步验证上述探索性因子分析的研究结果，本研究采用结构方程模型（SEM）中的验证性因子分析法来判定三因子模型是否是最佳的匹配模型。

（一）验证性因子分析样本概况

笔者通过到企业现场随机抽样发放问卷，以及委托在企业工作的同学、朋友发放和回收纸质问卷，共发放包含组织变革量表（14个题项）和变革管理量表（10个题项）的问卷 600 份，有效回收问卷 480 份，有效回收率为 80%。本研究用该数据分别对组织变革量表和变革管理量表进行验证性因子分析，样本特征描述见表 3-10。

表 3-10 用于验证性因子分析样本的特征描述（N=480）

变量	分类	占比（%）	变量	分类	占比（%）
性别	男	52	企业性质	民营企业	36
	女	48		国有企业	38
学历	大专及以下	29		外资企业	8
	本科	49		经营性事业单位	15
	硕士及以上	22		其他	4

续表3-10

变量	分类	占比（%）	变量	分类	占比（%）
在公司的工作年限	不到1年	11	职位层次	普通员工	43
	1~3年	18		基层管理者	27
	3~5年	23		中层管理者	25
	5年及以上	48		高层管理者	5
年龄	30岁及以下	42	用工方式	3年及以下合同员工	53
	31~40岁	58		3年以上合同员工	47

表3-10显示了用于验证性因子分析的样本情况。组织变革量表14个题项的均值、标准差见表3-11。

表3-11 组织变革量表14个题项的描述性统计（N=480）

因子命名	题项	均值	标准差
管理改进	OC19 公司采取人性化管理提升员工士气	3.572	1.352
	OC11 公司的业务流程相关部门之间具有良好的协调和沟通能力	3.823	1.276
	OC18 公司建立了健全的绩效评估制度	3.688	1.368
	OC12 公司的业务流程能够很好地支持企业的产品和服务创新战略	3.778	1.240
	OC10 公司积极进行业务流程改进	4.050	1.270
	OC20 公司各项工作流程能因变革需要而重新调整	3.992	1.260

续表3-11

因子命名	题项	均值	标准差
客户导向	OC2 公司把满足客户需求作为战略目标,并进行系统的客户满意度调查评估	4.415	1.245
	OC9 公司业务流程具有柔性,能够以客户的个性化需求为导向,迅速调整业务	3.742	1.322
	OC7 公司能够快速与合作伙伴建立虚拟团队,组织边界趋于模糊化	3.195	1.399
	OC1 公司关注经营环境的变化和竞争对手的战略导向,并据此适时调整战略	4.242	1.340
裁员重组	OC14 公司采用了可能削减目前工作岗位的新技术	3.184	1.411
	OC15 公司削减了劳动力规模	3.340	1.456
	OC13 公司进行了重大重组	3.199	1.579
	OC16 公司与其他公司合并	2.562	1.678

(二) 验证性因子分析样本的信度检验

本研究在对所修订的量表进行正式测验的过程中仍然采用 Cronbach's α 系数来判定量表的信度水平,具体分析结果见表3-12。

表 3-12 验证性因子分析样本的信度检验结果（N=480）

因子命名	题项	题项与总分的相关	Cronbach's α 系数
管理改进	OC19 公司采取人性化管理提升员工士气	0.572**	0.872
	OC11 公司的业务流程相关部门之间具有良好的协调和沟通能力	0.626**	
	OC18 公司建立了健全的绩效评估制度	0.611**	
	OC12 公司的业务流程能够很好地支持企业的产品和服务创新战略	0.713**	
	OC10 公司积极进行业务流程改进	0.679**	
	OC20 公司各项工作流程能因变革需要而重新调整	0.685**	
客户导向	OC2 公司把满足客户需求作为战略目标，并进行系统的客户满意度调查评估	0.610**	0.820
	OC9 公司业务流程具有柔性，能够以客户的个性化需求为导向，迅速调整业务	0.629**	
	OC7 公司能够快速与合作伙伴建立虚拟团队，组织边界趋于模糊化	0.564**	
	OC1 公司关注经营环境的变化和竞争对手的战略导向，并据此适时调整战略	0.622**	

续表3-12

因子命名	题项	题项与总分的相关	Cronbach's α系数
裁员重组	OC14 公司采用了可能削减目前工作岗位的新技术	0.519**	0.794
	OC15 公司削减了劳动力规模	0.374**	
	OC13 公司进行了重大重组	0.415**	
	OC16 公司与其他公司合并	0.439**	

组织变革量表总体的 Cronbach's α 系数为 0.822，三个因子的 Cronbach's α 系数分别为 0.872、0.820 和 0.794。另外，结合题项与总分的相关系数，发现题项与总分的相关系数除 OC15 为 0.374 以外，均高于 0.4（$p<0.01$），表示题项与整体量表的同质性较高（吴明隆，2010）。

（三）组织变革量表验证性因子分析结果

本研究使用结构方程模型（Structural Equation Modeling，SEM）的 AMOS 软件对组织变革问卷进行验证性因子分析（Confirmatory Factor Analysis，CFA），结果如图 3-2 所示：

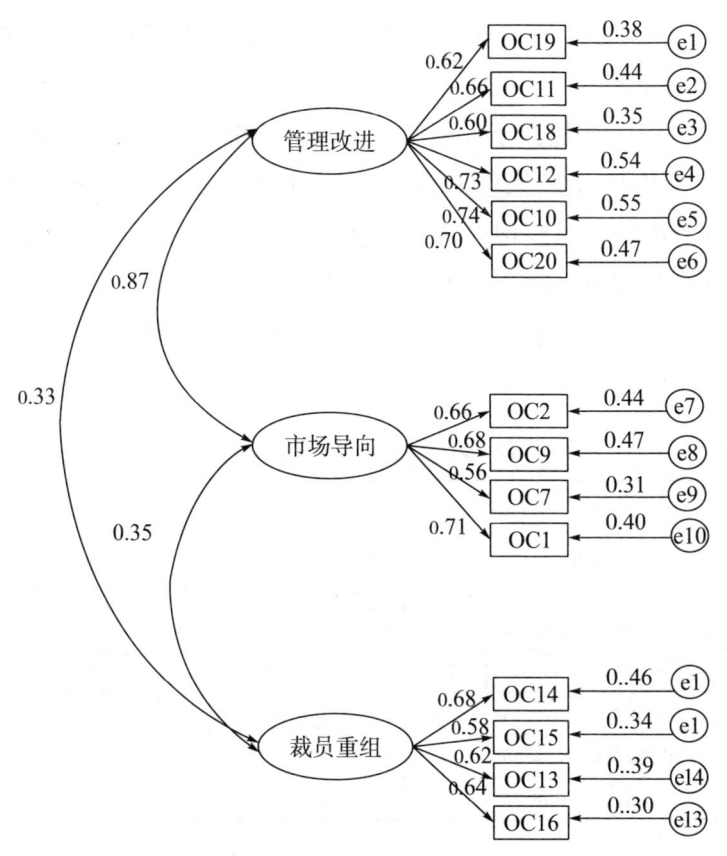

图 3-2　组织变革量表三因子模型验证性因子分析结果

本研究提出了一个可供检验的组织变革三因子一阶模型的构想。为了检验本研究所确立的模型是否为最佳理论模型，采用验证性因子分析比较多个可能结构组合模型间的优劣，根据以往的研究成果和相应的理论基础以及组织变革三因子间可能的组合，本研究认为组织变革的结构可能存在的理论模型如下：

（1）单因子模型（M1）：根据组织变革整体构念的研

究倾向,对所有题项不作因子区分,探讨其是否属于一个整体构念。

(2)两因子分析模型(M2):虚拟建构两因子模型,M2$_{(1)}$中将裁员重组与市场导向合并为一个因子;M2$_{(2)}$中将市场导向与管理改进合并为一个因子;M2$_{(3)}$中将裁员重组与管理改进合并为一个因子。

(3)三因子模型的一阶因子分析模型(M3)。

比较结果见表3-13。

表3-13 组织变革竞争模型拟合指标比较

竞争模型	拟合指标						
	χ^2	df	χ^2/df	RMSEA	GFI	IFI	CFI
单因子模型 M1	582.115	77	7.560	0.117	0.843	0.765	0.764
二因子模型 M2$_{(1)}$	591.551	76	7.784	0.119	0.839	0.748	0.746
二因子模型 M2$_{(2)}$	372.834	76	4.806	0.090	0.839	0.746	0.861
二因子模型 M2$_{(3)}$	594.461	76	7.822	0.119	0.901	0.862	0.744
三因子模型 M3	206.282	69	2.990	0.064	0.942	0.933	0.932

由表3-13可知,通过对各模型的拟合指标以及判断标准的比较,初步说明三因子的一阶模型拟合指标明显优于两因子模型以及单因子模型,可以看出组织变革的三因子模型具有更好的效度。

结构方程模型理论认为,模型评价是一个复杂的问题,在进行模型评价时,不同拟合指标评价的侧重点不同,因此一个模型的好坏不能以单一的指标进行评价,而应综合使用多个指标。具体而言,结构方程模型的拟合指标可分为三类，包括绝对拟合指标（如 χ^2 值、RMSEA 值等）、增值拟合指标（如 NFI、IFI）以及简约拟合指标（如 χ^2/df 等），相关拟合指标的标准及组织变革三因子模型的拟合指标见表 3-14。

表 3-14 模型拟合度指标及检测结果分析

	指标名称	拟合标准或临界值	检测数据结果	模型适配判断
绝对拟合指标	拟合度指数（GFI）	>0.9	0.942	是
	渐进残差均方和平方根（RMSEA）	RMSEA<0.05，理论模型拟合佳；当 0.05<RMSEA<0.1 时，理论模型尚可接受；当 RMSEA>0.1 时，模型拟合度不佳	0.064	是
增值拟合指标	正规拟合指数（NFI）	>0.9，愈接近1，表示模型愈拟合	0.903	是
	TLI 值（NNFI）	>0.9，愈接近1，表示模型愈拟合	0.901	是
	增值拟合指数（IFI）	>0.9，愈接近1，表示模型愈拟合	0.932	是
	比较拟合指数（CFI）	>0.9，愈接近1，表示模式愈拟合	0.923	是

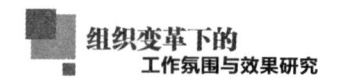

续表3-14

指标名称		拟合标准或临界值	检测数据结果	模型适配判断
简约拟合指标	PGFI值	>0.5以上	0.702	是
	PNFI值	>0.5以上	0.704	是
	PCFI值	>0.5以上	0.720	是
	卡方值与自由度比值（χ^2/df）	$\chi^2/df<3$，模型拟合较好；$3<\chi^2/df<5$，模型基本拟合，可接受；$\chi^2/df>5$，模型拟合不好，模型较差	2.990	是

注：以上拟合指标引自吴明隆（2010）。

通过表3-14的模型拟合指标与判断标准的对比分析，结果发现组织变革三因子模型各项指标均达到或超过标准。另外，邱皓政、林碧芳（2009）指出，测量题目的因子载荷越高，表示题目能够反映潜在变量的能力越高，因子能够解释各观察变量的变异的程度越大，因此可以计算出一个平均变异萃取量（Average Variance Extracted，AVE），来反映一个潜在变量能被题项有效估计的聚敛程度指标。计算公式如下：

$$\text{AVE} = \sum \lambda^2 / \left[\sum \lambda^2 + \sum (\theta) \right]$$

其中，λ＝观测变量在潜变量上的标准化参数，θ＝观测变量的测量误差。

判断平均变异萃取量的标准大于0.5，则表明潜在变量的聚敛能力十分理想，具有良好的操作型定义（邱皓政，2009）。

表 3－15 组织变革量表的平均变异量抽取值

潜在变量	测量指标	标准化因子载荷	测量误差	平均变异萃取量（AVE）
管理改进	OC19	0.62	0.38	0.501
	OC11	0.66	0.44	
	OC18	0.60	0.35	
	OC12	0.73	0.54	
	OC10	0.74	0.55	
	OC20	0.70	0.47	
市场导向	OC2	0.66	0.44	0.514
	OC9	0.68	0.47	
	OC7	0.56	0.31	
	OC1	0.71	0.40	
裁员重组	OC14	0.68	0.46	0.517
	OC15	0.58	0.34	
	OC13	0.62	0.39	
	OC16	0.64	0.30	

由表 3－15 可知，组织变革的三个因子（即潜在变量）的平均变异萃取量均大于 0.5，说明组织变革量表具有良好的聚敛效度。

六、修订的组织变革量表与已有量表的比较

本书第二章介绍了学术界已有的组织变革量表，然而，沿用现有的组织变革量表并不能满足本研究的需要，因此，有必要对现有的组织变革量表进行修订。修订的组

织变革量表并不是对已有量表的否定，而是进一步的补充和完善。本研究所修订的量表包含了原有量表中的战略、机构、流程、人员、技术等变革内容，经探索性因子分析，分为"管理改进""市场导向""裁员重组"三个维度。从探索性和验证性因子分析的结果来看，量表具有较好的信度和效度。这三个维度的划分也更符合变革实践，组织的变革不可能是纯粹的技术变革或结构变革，抑或是人员和组织文化的变革，任何组织的变革都涉及了战略、结构、流程、人员、文化等，是一组整合类型的变革。修订后量表的维度划分体现了对员工工作生活影响程度的差异，有利于研究者更有针对性地找到员工变革反应等变革作用结果的预测变量，并能在此基础之上提出更有的放矢的组织变革干预策略。

第二节 变革管理量表修订

一、变革管理量表修订的理论分析

尽管关于变革管理的研究已有大量文献，但长期以来缺乏一致的通用的定义，致使变革管理的理论难以进一步发展，也不能进行有效性的定量检测（朱其权，2012）。大卫·弗斯（2002）提出变革管理是组织管理体系改造与调整中所进行的系统策略安排和有效管理，是对期望实现的变革进行计划、组织、控制和实施的一系列活动，目的是创造变革顺利实现的环境,以实现预定的变革目标。

也有学者主要关注行为视角,将变革管理界定为变革管理者针对特定的组织变革所采取的管理举措(Woodman,1989)。关于变革管理行为的研究主要源自变革执行文献。Higgs 和 Rowland(2005)确认的具体变革行为包括让其他人具有责任、建立变革的起始点、设计变革旅程、沟通指导准则、提升个体和组织执行变革的能力。基于此定义,Herold(2008)将变革管理的核心元素界定为制造愿景、获取员工支持、授权和监督四个方面,并据此编制了包含七个条目的量表。除了该量表,员工变革相关态度和行为的研究也有助于认识变革管理行为对变革成功执行是否有益,例如研究表明程序公平、管理支持、组织支持感、合法化和员工参与也被视为领导者用来推动变革、降低抵制和确保变革成功执行的战略和活动(朱其权,2012)。

除此以外,一些研究者将变革管理主要界定为对变革中员工抵触情绪的管理。如叶舒航等(2014)提出变革管理是组织在作出变革策略之后,为了减轻变革给员工和管理者造成的压力,以及减小他们对这种变革的抵触情绪而设计的方法。但基于该定义的变革管理并没有相应的测量量表,研究者在实证研究中多使用替代变量,如叶舒航等(2014)用组织激励、沟通交流、冲突协调三个变量来代表变革管理。

Herold(2008)开发的量表基于管理者的视角,开发基础是测量有利于组织变革成功的管理举措,其典型题项如"在变革方案实施前,上级强调了变革的紧迫性""上级让此次变革获得了广泛支持"。而本研究基于员工视角,目的是研究什么样的变革管理可以对员工的心理产生影响,因此参考一些研究者将变革管理主要界定为对变革中员工抵触情绪的管理的思想,借鉴朱其权(2012)的研究思路,除该量表的核心元素外,纳入变革公平、组织支持、员工参与等被研究证实的对降低变革抵制情绪和工作不安全感有效的措施。在 Herold(2008)测量量表的基础上,参考相关文献,依照量表修订的程序,采用情境化取向,修订了适用于我国企业的变革管理量表。

二、变革管理量表的题项拟定

本研究采用内容编码对国内外有关变革管理量表的题项进行文献分析,挑选出能反映我国企业变革管理的测量题项。

(一)变革管理量表的文献研究分析

文献分析是对收集到的国外学者关于变革管理的量表条目进行翻译、回译、整理和分析,同时将国内学者开发的量表进行归类和分析。其中变革管理题项主要来源于Herold 等(2008)、Witte 等(2005)、胡三嫚等(2014)、朱其权和龙立荣(2011)、鲁虹(2005)、汤磊和但婕(2009)等的研究,得到了41个变革管理的初始题项,见表3-16。

表 3-16　国内外变革管理题项汇总

编号	题项	编号	题项
1	上级对变革要达成的结果进行了清楚的说明	22	通过多种方式展现组织的变革公平和正义,不会蓄意损害员工的利益
2	对变革必要性有疑问的员工,上级进行了针对性解释	23	组织通过沟通让员工明白自己的贡献和组织的变革愿景在哪点是契合的
3	在变革方案实施前,上级强调了变革的紧迫性	24	裁员等决策的制定和执行过程都是公平的
4	上级让此次变革获得了广泛支持	25	有效（准确、及时和有用的）的与工作相关的沟通
5	上级给大家充分的权限来执行变革	26	组织的不确定性管理,提高员工对他们工作变化的理解和对这些变化的决定和自治权
6	上级进行了仔细的沟通和监督	27	对员工宣讲组织变革的目的、意义和重要性,增强员工对组织变革的认同感
7	在变革中有困难的员工,上级有针对性地给予关照	28	建立监督机制和员工意见反馈机制
8	组织让员工参与变革方案的讨论,群策群力	29	向员工描述组织的发展目标
9	组织对变革方案进行了全面的沟通,让员工知道组织变革的意义和自己的工作要发生什么样的变化	30	员工能够参与现有问题的确认以及解决方案的制定,使员工完全了解变革的必要性
10	频繁及时的沟通使员工的意见和建议得以表达,能得到组织的反馈	31	反复宣传、重复解释变革的必要性、理由,变革的要旨和细节,以及变革可能的结果

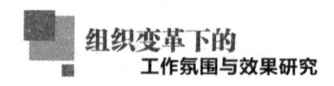

续表3-16

编号	题项	编号	题项
11	组织帮助员工熟悉新的技术、岗位,增强员工的技能和信心	32	员工参与制定变革时间表及过渡计划
12	组织给予员工承诺,如不裁员或给予合法的补偿	33	认真听取员工因潜在的担忧而产生的反对意见
13	组织变革的程序是公平的	34	仔细倾听一些流言和猜疑,努力传达关于变革的真相
14	组织对变革中的流言能及时澄清	35	应向员工保证职业的稳定性
15	为组织成员塑造共享的变革愿景	36	为员工提供转岗的再培训
16	为了使员工意识到新的组织内的角色和职责,组织说明了每个人的角色,并进行了相应的培训	37	与变革相关的信息沟通应该贯穿整个变革过程,使员工对变革的关切能及时得到回应
17	开展员工援助计划	38	信息内容和沟通方式
18	组织重视员工的贡献,在变革时关注员工的利益和生存状态	39	来自上级、同事的支持
19	组建一支令员工信任的变革领导团队	40	对管理者的信任
20	通过多种方式宣传和展现组织积极的变革态度	41	上司给予支持
21	通过多种方式展现组织具有可以被信赖的变革能力		

三、变革管理量表题项的内容分析

经过与组织变革量表相同的内容分析步骤后,变革管理量表最终的内容分析结果见表 3-17。

表 3-17 经过内容分析后保留的变革管理量表题项

序号	题项
1	公司让员工参与变革方案的制定
2	整个变革过程中公司和员工能够准确、及时、充分、有效地沟通
3	公司提高员工对他们工作变化的理解以及对这些变化的决策权和自主权
4	公司为员工塑造共享的变革愿景,让员工明白自己角色的重要性
5	公司对变革中的流言能及时澄清
6	公司变革中决策的制定和执行过程都是公平的
7	公司通过培训等方式帮助员工熟悉新的技术、岗位,提高员工的职业技能
8	公司向员工承诺工作的稳定性,承诺不会蓄意损害员工的利益
9	公司向员工详细解释变革的必要性、理由,变革的要旨和细节,以及变革可能的结果
10	公司展示出积极的变革态度和值得信赖的变革能力
11	公司给予员工情感上的安抚
12	员工在公司变革中能被公平对待
13	公司充分考虑员工已有的贡献,在变革时关注员工的利益和生存状态

四、变革管理量表的探索性因子分析

变革管理量表的探索性因子分析样本与第三章第一节中组织变革探索性因子分析的样本为同一样本,样本概况见表 3-3。

首先对题项进行加总、排序,然后按样本数 27% 的值进行高低分组,接着进行独立样本 T 检验,结果见表 3-18。

表 3-18 独立样本 T 检验(N=205)

题项	方差齐性的 Levene 检验		均值方程的 T 检验		
	F	Sig.	t	df	Sig.(双侧)
CM1	0.992	0.321	8.735	113	0.000
			8.741	112.671	0.000
CM2	0.206	0.651	14.640	113	0.000
			14.646	112.900	0.000
CM3	0.061	0.805	16.106	113	0.000
			16.118	112.409	0.000
CM4	4.156	0.044	15.558	113	0.000
			15.585	109.355	0.000
CM5	6.484	0.012	12.249	113	0.000
			12.291	99.676	0.000
CM6	5.405	0.022	15.242	113	0.000
			15.272	108.638	0.000
CM7	7.820	0.006	11.450	113	0.000
			11.492	97.878	0.000
CM8	10.577	0.002	11.976	113	0.000
			12.018	98.209	0.000
CM9	20.115	0.000	12.554	113	0.000
			12.609	92.108	0.000

续表3-18

题项	方差齐性的 Levene 检验		均值方程的 T 检验		
	F	Sig.	t	df	Sig.（双侧）
CM10	11.226	0.001	12.045	113	0.000
			12.096	92.584	0.000
CM11	21.834	0.000	13.620	113	0.000
			13.667	98.813	0.000
CM12	4.274	0.041	14.511	113	0.000
			14.540	108.447	0.000
CM13	27.026	0.000	16.599	113	0.000
			16.665	94.660	0.000

表3-18中，"CM"为变革管理（change management）的首字母缩写，CM1至CM13分别对应表3-17中的变革管理的题项。

从表3-18来看，所有条目的 t 值均显著，具有良好的鉴别度，保留所有条目，以进一步作因子分析。

（一）题项与总分的相关系数和信度系数

本研究中各题项与总分之间的相关系数介于 0.555** 到 0.802**（$p<0.01$）之间，均达到显著，且相关系数大于 0.4，因此全部保留。

变革管理量表整体的 Cronbach's α 系数值为 0.943，各题项删除后并没有使整体量表的 Cronbach's α 系数提高，因此所有题项均保留。题项与总分的相关系数与信度系数见表 3-19。

表 4-19 变革管理量表题项与总分的相关系数与信度系数 (N=205)

题项	平均数 Mean	标准差 Std. Deviation	题项与总分的相关系数	删除该条目后问卷 Cronbach's α 系数	删除或保留
CM1	3.317	1.4010	0.639**	0.943	保留
CM2	3.390	1.3518	0.814**	0.936	保留
CM3	3.312	1.3024	0.816**	0.936	保留
CM4	3.517	1.3269	0.817**	0.936	保留
CM5	3.683	1.2955	0.757**	0.938	保留
CM6	3.551	1.3371	0.794**	0.937	保留
CM7	4.107	1.2360	0.667**	0.941	保留
CM8	3.976	1.2889	0.732**	0.939	保留
CM9	3.810	1.3202	0.780**	0.938	保留
CM10	3.892	1.2673	0.758**	0.938	保留
CM11	3.723	1.2843	0.776**	0.938	保留
CM12	3.644	1.2174	0.816**	0.936	保留
CM13	3.678	1.2448	0.848**	0.935	保留

(二) 探索性因子分析结果

项目分析后,需要检验问卷的结构效度 (Construct Validity)。结构效度是指问卷能测量理论的概念或特质的程度。采用的方法是探索性因子分析法 (Exploratory Factor Analysis),其目的在于找出问卷潜在的结构,减少题项数目,使之变成一组题项较少而彼此相关性较大的变量 (吴明隆, 2010)。

（三）题项间相关系数分析

进行题项间相关系数分析的目的在于分析数据是否适合进行因子分析。具体做法是检查各题项间的相关系数是否显著（$p<0.05$），同时看题项间相关系数的大小。如果相关系数偏低则要找出共同因子比较困难，但若题项间相关系数太高（$r>0.8$），也无法萃取合适的因子，可将其删除后再进行因子分析（吴明隆，2010；黄丽，2013）。本研究变革管理量表中的 13 个题项间的相关系数均显著（$p<0.01$，以及 $p<0.05$）。根据相关矩阵，相关系数的值均未超过 0.80，因此适合进行因子分析。详见表 3－20。

表 3-20 变革管理题项间的相关系数 (N=205)

题项	CM1	CM2	CM3	CM4	CM5	CM6	CM7	CM8	CM9	CM10	CM11	CM12
CM2	0.719**											
CM3	0.687**	0.833**										
CM4	0.610**	0.764**	0.783**									
CM5	0.372**	0.572**	0.625**	0.655**								
CM6	0.401**	0.624**	0.621**	0.634**	0.645**							
CM7	0.184**	0.400**	0.396**	0.459**	0.496**	0.492**						
CM8	0.319**	0.444**	0.446**	0.434**	0.527**	0.506**	0.611**					
CM9	0.417**	0.547**	0.559**	0.549**	0.486**	0.540**	0.517**	0.628**				
CM10	0.347**	0.483**	0.481**	0.530**	0.631**	0.580**	0.530**	0.583**	0.667**			
CM11	0.354**	0.547**	0.503**	0.544**	0.497**	0.614**	0.537**	0.607**	0.615**	0.584**		
CM12	0.445**	0.572**	0.562**	0.544**	0.502**	0.653**	0.533**	0.655**	0.639**	0.595**	0.696**	
CM13	0.466**	0.593**	0.634**	0.640**	0.577**	0.639**	0.585**	0.610**	0.662**	0.609**	0.699**	0.815**

注：* $p<0.05$；** $p<0.01$。

由表 3-20 可知，变革管理量表各题项之间呈显著的中低度相关（$p<0.05$），未出现相关系数大于 0.8 的情况，适合进行探索性因子分析。

（四）反映像矩阵的 MSA 值和 KMO 与 Bartlett's 球形检验

通过检验，变革管理题项的 MSA 值介于 0.911 和 0.961 之间，均大于 0.80，符合探索性因子分析的条件。本研究的 KMO 值为 0.931，同时 Bartlett's 球形检验达到显著水平（$p<0.01$），适合进行因子分析。

变革管理原始量表整体解释变异量的结果见表 3-21。

表 3-21 变革管理原始量表整体解释变异量

成分	初始特征值			提取载荷平方和		
	总计	方差（%）	累积（%）	总计	方差（%）	累积（%）
1	7.764	59.726	59.726	7.764	59.726	59.726
2	1.378	10.602	70.328	1.378	10.602	70.328
3	0.700	5.387	75.715			
4	0.539	4.145	79.860			
5	0.511	3.931	83.792			
6	0.392	3.018	86.809			
7	0.347	2.671	89.481			
8	0.323	2.484	91.965			
9	0.313	2.410	94.375			
10	0.218	1.675	96.050			
11	0.212	1.629	97.679			

续表3-21

成分	初始特征值			提取载荷平方和		
	总计	方差（%）	累积（%）	总计	方差（%）	累积（%）
12	0.165	1.271	98.950			
13	0.137	1.050	100.000			

由表3-21可知，共提取了两个特征根大于1的因子，4个因子的累计方差贡献率为70.328%。至于最终保留几个因子，还需要参考提取的共同因子是否有其合理性。因子的合理性有两个含义：一是共同因子包含的题项数最少在3个以上；二是题项变量所要测量的潜在特质类似，且因子可以命名（吴明隆，2010）。除了上述标准，题项保留与否还需要考虑因子的交叉载荷，如果某个题项同时在两个因子的载荷都超过了0.4，那么该题项也应删除（邱浩政和林碧芳，2009；柯江林等，2009）。

表3-22 转轴的成分矩阵

题项	成分	
	1	2
CM8	0.809	0.171
CM7	0.781	0.103
CM12	0.758	0.376
CM11	0.755	0.312
CM10	0.746	0.290
CM13	0.744	0.443
CM9	0.718	0.358

续表3-22

题项	成分 1	成分 2
CM6	0.618	0.503
CM5	0.573	0.495
CM1	0.103	0.854
CM2	0.343	0.854
CM3	0.349	0.853
CM4	0.414	0.778

由表3-22可以看出，13个题项的变革管理转轴后有两个因子，因子1包括9个题项，因子2包括4个题项（表上用阴影部分加以区别）。从因子载荷来看，均超过0.50，满足保留的条件；再看交叉载荷，发现CM5、CM4有两个因子的载荷量超过了0.40，因此考虑逐次对上述题项进行删除。之所以考虑逐次删除，是因为每删除一个题项，因子的载荷就会发生变化，需要不断进行调整。按照以上步骤，逐次删除CM5、CM6、CM13，最终经过数次探索性因子分析的结果汇总见表3-23。

表3-23 变革管理探索性因子分析结果汇总 (N=205)

题项	成分 因子载荷	成分 共同性	与因子的相关	与总分的相关	Cronbach's α系数	特征根值	解释变异量
CM8 公司向员工承诺工作的稳定性,承诺不会蓄意损害员工的利益	0.825	0.716	0.835**	0.927**	0.900	5.925	59.25%
CM7 公司通过培训等方式帮助员工熟悉新的技术、岗位,提高员工的职业技能	0.788	0.633	0.758**				
CM11 公司给予员工情感上的安抚	0.753	0.675	0.825**				
CM10 公司展示出积极的变革态度和值得信赖的变革能力	0.749	0.646	0.809**				
CM12 员工在公司变革中能被公平对待	0.739	0.702	0.838**				
CM9 公司向员工详细解释变革的必要性、理由,变革的要旨和细节,以及变革可能的结果	0.735	0.683	0.833**				
CM1 公司让员工参与变革方案的制定	0.870	0.769	0.848**	0.875**	0.915	1.362	13.62%
CM2 整个变革过程中公司和员工能够准确、及时、充分、有效地沟通	0.860	0.856	0.927**				
CM3 公司提高员工对他们工作变化的理解以及对这些变化的决策权和自主权	0.855	0.844	0.921**				
CM4 公司为员工塑造共享的变革愿景,让员工明白自己角色的重要性	0.777	0.763	0.881**				

由表 3－23 可知，变革管理量表的总解释变异量为两个因子的解释变异量之和，即 72.87%，超过 50%，表示提取的因子是可以接受的（吴明隆，2010）。探索性因子分析的最终结果显示，本研究所编制的变革管理量表共分为两个子维度，每个维度的因子载荷、共同性等指标均符合要求。

本研究将根据各维度中的题项所反映的内容对因子命名。

因子 1：这一维度包括 6 个题项，主要体现了组织对员工的技能培训、组织对变革的解释和承诺、组织给予员工情感上的支持，故将其命名为"组织支持"。

因子 2：这一维度包括 4 个题项，主要体现了员工参与变革方案的制订、拥有对他们工作变化的决策权和自主权，故将其命名为"员工参与"。

（五）变革管理量表的信度、效度分析

变革管理量表的 Cronbach's α 系数为 0.922，维度 1"组织支持"的 Cronbach's α 系数为 0.900，维度 2"员工参与"的 Cronbach's α 系数为 0.915，这表明变革管理量表通过了信度检验，具有理想的信度。

本研究构建的变革管理量表包含的两个因子的总解释变异量为 72.87%，各题项含义清晰，可解释性强。另外，题项与因子的相关系数介于 0.758** 和 0.927** 之间（$p<0.01$），因子与总量表的相关系数介于 0.875** 和 0.927** （$p<0.01$）之间（详见表 3－23），这说明内部

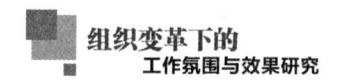

同质性好，保证了变革管理量表具有较好的结构效度。

五、变革管理量表的验证性因子分析

为了进一步验证上述探索性因子分析的研究结果，本研究采用结构方程模型（SEM）中的验证性因子分析方法来判定两因子模型是否是最佳的匹配模型。

变革管理量表验证性因子分析的样本与组织变革量表验证性因子分析使用同一批调查数据，样本概况分析见表3－12。

变革管理量表10个题项的均值、标准差见表3－24。

表3－24 变革管理量表10个题项的描述性统计（N＝480）

因子命名	题项	均值	标准差
组织支持	CM8 公司向员工承诺工作的稳定性，承诺不会蓄意损害员工的利益	3.989	1.316
	CM7 公司通过培训等方式帮助员工熟悉新的技术、岗位，提高员工的职业技能	4.084	1.308
	CM11 公司给予员工情感上的安抚	3.523	1.316
	CM10 公司展示出积极的变革态度和值得信赖的变革能力	3.795	1.282
	CM12 员工在公司变革中能被公平对待	3.563	1.274
	CM9 公司向员工详细解释变革的必要性、理由，变革的要旨和细节，以及变革可能的结果	3.686	1.372

续表3-24

因子命名	题项	均值	标准差
员工参与	CM1 公司让员工参与变革方案的制定	2.902	1.394
	CM2 整个变革过程中公司和员工能够准确、及时、充分、有效地沟通	3.067	1.331
	CM3 公司提高员工对他们工作变化的理解以及对这些变化的决策权和自主权	3.141	1.283
	CM4 公司为员工塑造共享的变革愿景，让员工明白自己角色的重要性	3.317	1.317

（一）验证性因子分析样本的信度检验

本研究在对所修订的量表进行正式测验的过程中仍然采用Cronbach's α 系数来判定量表的信度水平，具体分析结果见表3-25。

表3-25 验证性因子分析样本的信度检验结果（N=480）

因子命名	题项	题项与总分相关	Cronbach's α 系数
组织支持	CM8 公司向员工承诺工作的稳定性，承诺不会蓄意损害员工的利益	0.787**	0.889
	CM7 公司通过培训等方式帮助员工熟悉新的技术、岗位，提高员工的职业技能	0.743**	
	CM11 公司给予员工情感上的安抚	0.825**	
	CM10 公司展示出积极的变革态度和值得信赖的变革能力	0.823**	

119

续表 3-24

因子命名	题项	题项与总分相关	Cronbach's α 系数
组织支持	CM12 员工在公司变革中能被公平对待	0.817**	0.889
	CM9 公司向员工详细解释变革的必要性、理由，变革的要旨和细节，以及变革可能的结果	0.820**	
员工参与	CM1 公司让员工参与变革方案的制定	0.852**	0.899
	CM2 整个变革过程中公司和员工能够准确、及时、充分、有效地沟通	0.927**	
	CM3 公司提高员工对他们工作变化的理解以及对这些变化的决策权和自主权	0.885**	
	CM4 公司为员工塑造共享的变革愿景，让员工明白自己角色的重要性	0.841**	

变革管理量表总体的 Cronbach's α 系数为 0.919，因子 1"组织支持"和因子 2"员工参与"的 Cronbach's α 系数分别为 0.889 和 0.899，均高于 0.8，说明具有较高的信度。

另外，结合题项与总分的相关系数，发现题项与总分的相关系数在 0.743** 至 0.927**（$p<0.01$）之间，高于 0.4，表明题项与整体量表的同质性较高（吴明隆，2010）。

（二）验证性因子分析结果

本研究使用结构方程模型（Structural Equation Modeling，SEM）中的 AMOS 软件对变革管理问卷进行验证性因子分析（Confirmatory Factor Analysis，CFA）。经过SPSS数据分析，发现变革管理因子间的相关系数为0.74**（$p<0.01$），为中度相关，采用一阶模型进行检验，结果如图3-3所示。

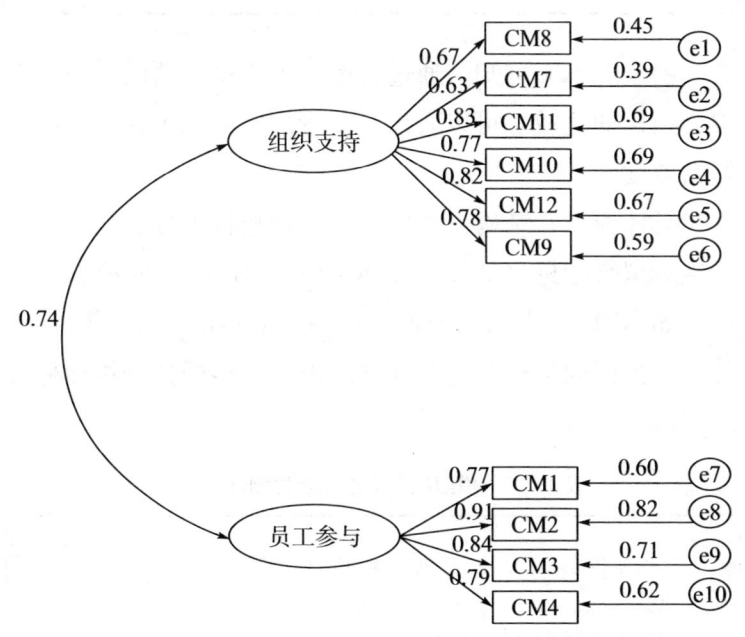

图3-3 变革管理量表两因子模型验证性因子分析结果

为了检验本研究所确立的模型是否为最佳理论模型，采用验证性因子分析比较单因子模型（即将变革管理的所有题项合并在一起，作为一个整体构念）和两因子模型的优劣，结果见表3-26。

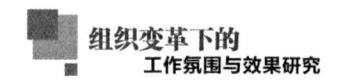

表 3－26　变革管理竞争模型拟合指标比较

竞争模型	拟合指标						
	χ^2	df	χ^2/df	RMSEA	GFI	IFI	CFI
单因子模型 M1	542.022	34	15.942	0.177	0.763	0.838	0.838
两因子模型 M2	73.935	27	2.738	0.084	0.930	0.966	0.966

由表 3－26 可知，通过对单因子模型和两因子模型各拟合指标的比较，可以看出变革管理的两因子模型具有更好的效度。

具体而言，结构方程模型的拟合指标可分为三类，包括绝对拟合指标（如 χ^2 值、RMSEA 值等）、增值拟合指标（如 NFI、IFI）以及简约拟合指标（如 χ^2/df 等），相关拟合指标的标准及变革管理两因子模型的拟合指标见表 3－27。

表 3－27　模型拟合度指标及检测结果分析

	指标名称	拟合标准或临界值	检测数据结果	模型适配判断
绝对拟合指标	拟合度指数（GFI）	>0.9	0.930	是
	渐进残差均方和平方根（RMSEA）	RMSEA<0.05，理论模型拟合佳；当 0.05<RMSEA<0.1 时，理论模型尚可接受；当 RMSEA>0.1 时，模型拟合度不佳	0.084	是

第三章 组织变革量表和变革管理量表修订

续表3-27

指标名称		拟合标准或临界值	检测数据结果	模型适配判断
增值拟合指标	正规拟合指数（NFI）	>0.9，愈接近1，表示模型愈拟合	0.947	是
	TLI值（NNFI）	>0.9，愈接近1，表示模型愈拟合	0.907	是
	增值拟合指数（IFI）	>0.9，愈接近1，表示模型愈拟合	0.966	是
	比较拟合指数（CFI）	>0.9，愈接近1，表示模式愈拟合	0.966	是
简约拟合指标	PGFI值	>0.5以上	0.687	是
	PNFI值	>0.5以上	0.695	是
	PCFI值	>0.5以上	0.703	是
	卡方值与自由度比值（χ^2/df）	$\chi^2/df<3$，模型拟合较好；$3<\chi^2/df<5$，模型基本拟合，可接受；$\chi^2/df>5$，模型拟合不好，模型较差	2.662	是

注：以上拟合指标引自吴明隆（2010）。

通过表3-27的模型拟合指标与判断标准的对比分析，结果发现变革管理两因子模型各项指标均达到或超过标准。另外，邱皓政、林碧芳（2009）指出，测量题目的因子载荷越高，表示题目能够反映潜在变量的能力越高，因子能够解释各观察变量的变异的程度越大，因此可以计算出平均变异萃取量（Average Variance Extracted, AVE），来反映一个潜在变量能被题项有效估计的聚敛程

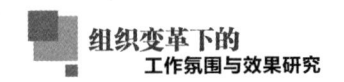

度指标。计算后的 AVE 值见表 3-28。

表 3-28 变革管理量表的平均变异萃取量抽取值

潜在变量	测量指标	标准化因子载荷	测量误差	平均变异萃取量（AVE)
组织支持	CM8	0.67	0.45	0.532
	CM7	0.63	0.39	
	CM11	0.83	0.69	
	CM10	0.77	0.69	
	CM12	0.82	0.67	
	CM9	0.78	0.59	
员工参与	CM1	0.77	0.60	0.688
	CM2	0.91	0.82	
	CM3	0.84	0.71	
	CM4	0.79	0.62	

由表 3-28 可知，变革管理的两个因子的平均变异萃取量均大于 0.5，说明变革管理量表具有良好的聚敛效度。

六、修订的变革管理量表与已有量表的比较

尽管变革管理领域已有丰富的研究积累，但现有成果在定义和测量工具方面仍存在较大分歧，影响了该领域的理论深化和实证验证的推进。现有代表性量表多从管理者角度出发，如 Herold（2008）开发的 7 项条目，着眼于领导者在推动变革中的具体行为。然而，员工在变革过程中的感知与心理反应同样关键，尤其是变革管理如何影响

员工的心理安全感与抵触情绪。因此，本研究立足员工视角，结合国内外关于变革管理行为、员工态度和组织支持的研究成果，综合 Herold 量表的核心构念，并引入被广泛证明对缓解员工变革抵制情绪有效的变量（如变革公平、员工参与、组织支持等），重新构建了符合中国组织背景的测量工具。该量表在内容编制中注重情境化表达，例如设置题项"公司给予员工情感上的安抚"，更贴合员工在变革环境下的真实体验。经探索性与验证性因子分析，最终形成"组织支持"和"员工参与"两个维度，测量结果显示量表具有良好的信度与效度，丰富了变革管理研究在量化测量方面的理论基础与实践工具。

本章小结

本章对组织变革量表和变革管理量表进行了修订，运用 SPSS 和 AMOS 软件，采用探索性因子分析和验证性因子分析法对组织变革量表、变革管理量表的维度结构进行了分析。结果表明组织变革维度结构的 Cronbach's α 系数分别为 0.872、0.820 和 0.794，变革管理维度结构的 Cronbach's α 系数分别为 0.889 和 0.899，均具有较高的信度。同时两个量表的内容效度、结构效度、聚敛效度等指标均符合要求。通过与已有量表的对比分析，可以看出本研究修订的量表丰富了国内外学者的研究，能为后续实证分析奠定基础。

第四章　工作不安全氛围在组织变革及其效果间的中介作用

　　上一章的主要内容集中在修订组织变革量表和变革管理量表，旨在探讨量表的信度和效度，结果显示修订后的量表具有较好的信度和效度，这为后续的实证研究奠定了坚实的基础。从本章开始，将逐一对理论假设进行验证。本章首先分析并验证组织变革及其维度对工作不安全氛围的影响，找出影响工作不安全氛围最突出的变革维度；其次，探讨组织变革和工作不安全氛围对变革效果的影响；最后，验证工作不安全氛围在组织变革及其效果间的中介作用，进一步明晰组织变革和工作不安全氛围对变革效果产生影响的内在路径。

　　组织变革的目的是增进组织的效能（Beer，1980），绩效是组织变革最重要的结果变量，也是最常见的衡量组织变革效果的指标。因此，本研究采用组织绩效和员工绩效作为变革效果的衡量指标。

第四章 工作不安全氛围在组织变革及其效果间的中介作用

第一节 研究变量的关系模型与研究假设

根据第二章的工作不安全氛围影响因素及作用结果的研究模型，同时结合本研究具体选择的研究变量，笔者构建了本章的变量关系模型，在第二章模型的基础之上进一步明晰了研究变量之间的关系。模型如图4-1所示。

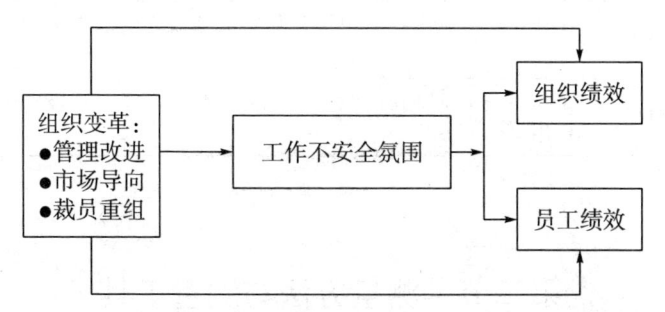

图 4-1 工作不安全氛围影响因素及作用结果的理论模型

本章还就工作不安全氛围在组织变革与变革效果间的中介作用的研究假设进行了汇总，为后续的实证研究奠定基础（见表4-1）。

表 4-1 工作不安全氛围在组织变革及其效果间的中介效应的研究假设汇总

研究假设	假设的内容
H1	组织变革作为整体构念，对工作不安全氛围有显著的正向影响，即组织变革会增强工作不安全氛围，但组织变革的各个维度对工作不安全氛围有不同的影响。

续表4-1

研究假设	假设的内容
H2	组织变革作为整体构念,对组织绩效具有显著正向影响,即组织变革会提升组织的绩效,但组织变革各维度对组织绩效有不同的影响。
H3	组织变革作为整体构念,对员工绩效具有显著正向影响,即组织变革会提升员工的绩效,但组织变革各维度对员工的绩效有不同的影响。
H4	工作不安全氛围对组织绩效具有显著负向影响。
H5	工作不安全氛围对员工绩效具有显著负向影响。
H6	工作不安全氛围在组织变革与组织绩效之间起消极的中介作用。
H7	工作不安全氛围在组织变革与员工绩效之间起消极的中介作用。

第二节 测量方法与测量工具

在本研究中,除组织变革、变革管理以外,其余变量均采用成熟量表进行测量。组织变革量表、变革管理量表的修订过程及其信度、效度检验已在第三章进行了详细介绍,下面仅介绍相关变量的测量工具。

一、组织变革测量工具

已有研究对组织变革的测量呈现出事件式与维度式两种取向,前者以关键事件代表变革,后者则从结构、技术、文化等方面划分维度。现有量表虽各有侧重,但多聚焦变革结果而非过程行为，难以满足本研究对动态变革行为的测量需求。

基于此，本研究在文献研究的基础上，对现有组织变革量表进行了修订。本研究采用修订的组织变革量表进行测量，关于量表的信度、效度指标在第三章已作了详细的阐释，不再赘述。

二、工作不安全氛围测量工具

在组织氛围研究中，研究者大多采用直接一致模型法（Wallace 等，2016）或参照转移模型法（Glisson 和 James，2002；Mason 和 Griffin，2003）来整合个体数据（段锦云，2014；Van Mierlo，Vermunt 和 Rutte，2009）。现有的工作不安全氛围的测量方法也主要依据这两种。

利用参照转移法直接对工作不安全氛围进行测量的量表仅有 Låstad（2015）基于瑞典工人调研开发的两维度量表。该量表共有 8 个题项，其中 4 个测量数量型工作不安全氛围，4 个测量质量型工作不安全氛围。其中数量型工作不安全氛围的代表题项为"在我的工作场所，普遍存在对失去工作的焦虑情绪""在我的工作场所，人们经常谈论是否能够保住自己的工作"，质量型工作不安全氛围的代表题项为"在我的工作场所，对未来的工资增长有一种普遍的焦虑情绪""在我的工作场所，许多人对他们在公司中的职业发展表示焦虑"。

量表的开发者 Låstad（2015）将工作不安全氛围界定为员工的心理氛围，主要是描述员工对工作不安全氛围

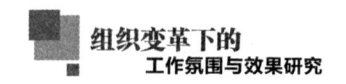

的感知，所以即使是在同一家企业，员工对工作不安全氛围的认知仍然可能是有差异的。参考Wallace等（2016）元分析中对参照转移模型法对工作绩效和客户服务绩效的预测效果比直接一致模型法效果更好的结论，本研究采用Låstad（2015）的量表对工作不安全氛围进行测量。

三、组织绩效测量工具

组织绩效数据的测量主要有两种方式。一种是收集客观的财务数据，主要通过查询上市公司的数据库或者由高层管理者填写组织客观的绩效情况。通过上市公司数据库取得调查数据一定程度上限制了调查的范围；而通过高层管理者填写客观绩效的调查方式，出于保密等因素，被调查者往往心存顾虑，也可能存在对财务绩效记忆偏差等情况。这些因素会造成调查取样偏差或调查数据不准确（余坤东，2002）。另一种是通过主观绩效测量方式收集数据。由于主观绩效评估和客观绩效高度正相关（黄丽，2013），且更适合从不同类型的组织收集数据，在现阶段的组织行为研究中，主观绩效测量法的应用更为普遍。

基于以上分析，本书采用由Wang等（2003）翻译成中文，并在国内普遍使用的由Tan和Lischert（1994）开发的组织综合绩效量表，主要测量与同行业的组织相比调查者所在组织的绩效状况。该量表共有7个题项，包括"利润""销售总额""市场份额""销售增长率""竞争地位""员工士气""资产增长率"。

四、员工绩效测量工具

员工绩效的测量主要体现在两个方面：一是任务绩效，二是周边绩效。这两种因素绩效结构模型是对现有工作绩效维度影响最大的划分方式。其中周边绩效的测量指标主要包括组织公民行为、亲社会行为、组织自发性、进谏行为等，虽然这些行为不直接作用于组织的技术核心，但对整个组织的运行具有润滑、修正与协调作用。

其中任务绩效与具体职务的工作内容密切相关，指任职者通过直接的生产活动、提供材料和服务对组织的技术核心所做的贡献。任务绩效主要受技能、激励、环境、机会等因素的影响。

任务绩效测量方面的研究多采用 Tsui 等（1997）开发的单维度任务问卷。该问卷包括工作质量、工作数量、工作效率、追求高工作标准等六个问题，从不同的角度评价了员工的任务绩效。本研究的任务绩效问卷采用 Tsui 等（1997）使用的量表。

第三节 调查过程与研究样本概况

一、调查过程

本研究的数据调查方式主要有三种。第一种是在 MBA 班以及人力资源管理师班上进行调查，具体做法是：先向学生介绍课题研究的目的、意义、问卷的内容和填写要求，请学生匿名按个人真实情况填写，当场发放和填写，十余分钟后当场回收。第二种方式是实地调查，在事先征得调研企业负责人的同意后，通过企业人力资源部的协助，由笔者向调查对象说明研究的目的、内容和要求，现场发放问卷，后根据情况当场回收问卷，或问卷完成后由调研企业人力资源部寄回。第三种方式是委托其他人员发放问卷，委托发放问卷的负责人均是企业人力资源管理者或者笔者的同学好友，事先详细向问卷发放者介绍了研究的目的、意义以及问卷的主要内容和填答要求，由他们发放电子问卷或纸质问卷，纸质问卷回收后寄给研究者。

二、样本概况

本研究的组织变革指组织为获得持续竞争优势，改善绩效而进行的组织行为，既包括裁员、重组等大规模、根本性的变革，也包括主管变更、绩效薪酬制度变化等，对变革内容的测量范围较为广泛，且在组织变革日益频繁甚至常态化的背景下，大到并购重组，小到流程优化、管理职能的调整，均有涉及。可以说，组织时刻处在变革之中。在问卷发放前，均会向被试说明组织变革的定义，并向被试确认其所在的组织一年内是否发生了变革，确定被试是否可以填答问卷。

通过上述三种方法，笔者在成都、北京、徐州、南京等地共发放840份问卷，回收776份。问卷回收后，按以下原则剔除废卷：整页漏选或大量漏答的问卷视为无效；整页选择同一数字的问卷视为无效；填答的数字具有一定规律性的问卷视为无效；连续几份问卷具有相似笔迹和相同选项的保留一份，其余视为无效；一份问卷上有多处多选，以及所选题项与反向题的选项存在矛盾的，视为无效。按上述原则共剔除 91 份问卷，实得有效问卷 685 份。样本情况见表 4－2。

表 4－2 研究样本的人口统计学概况（N=685）

变量	类别	占比（%）	变量	类别	占比（%）
性别	男	48.7	企业性质	民营企业	36.8
	女	51.3		国有企业	32.3
学历	大专及以下	24.0		外资企业	10.6
	本科	50.8		经营性事业单位	15.3
	硕士及以上	25.2		其他	5.0
在公司的工作年限	不到 1 年	14.1	职位层次	普通员工	40.9
	1～3 年	23.1		基层管理者或基层专业技术人员	28.1
	3～5 年	20.4		中层管理者或中层专业技术人员	25.4
	5 年及以上	42.4		高层管理者或高层专业技术人员	5.5
年龄	30 岁及以下	43.4	用工方式	3 年及以下合同员工	53.5
	31 岁及以上	56.6		3 年以上合同员工	46.5

续表

变量	类别	占比（%）	变量	类别	占比（%）
行业	IT/通讯/医药生化/高新技术等	11.7		制造/建筑/房地产/工程采掘等	21.8
	餐饮/娱乐/旅游等服务业	4.7		银行/保险/投资/证券等金融业	16.8
	咨询/设计/策划/创意等	5.4		商贸/物流/运输	1.90
	其他	16.6			

从表4-2可知，研究样本的男女比例基本一致，其中男性占48.7%，女性占51.3%；学历方面，以本科为主，占50.8%，大专及以下占24.0%，硕士及以上占25.2%；在公司的工作年限，5年以上的占42.4%，1~3年的占23.1%，3~5年的占20.4%，不到1年的占14.1%；年龄分布上，30岁及以下的占43.4%，31岁及以上的占56.6%；职位层次上，普通员工占40.9%，基层管理人员或基层专业技术人员占28.1%，中、高层管理人员或中、高层专业技术人员占25.4%；用工方式方面，3年及以下合同员工占53.5%，3年以上合同工占46.5%；企业性质方面，国有企业与民营企业分别占32.3%和36.8%，外资企业、经营性事业单位及其他分别占10.6%、15.3%和5.0%；行业分布上，以制造/建筑/房地产/工程采掘等和银行/保险/投资/证券等金融业为主，分别占21.8%和16.8%。

第四节　数据预处理

在对数据进行统计分析之前，需要对数据进行预处理，包括样本容量、检查数据有无极端值或错误值，以及缺失值检验、反向题反向计分、数据的正态分布检验，由于问卷数据来源于同一被试，还需要对数据的同源误差加以检验和说明。

一、样本容量

吴明隆（2010）针对样本容量指出，样本最好为题项数的5倍。本研究的题项数为84，回收的有效问卷为685份，超出了题项数的5倍，达到了样本容量的要求。

二、极端值或错误值检验

通过对题项的描述性统计，发现各题项的最小值与最大值均在范围之内，数据录入没有错误。

三、缺失值检验

出现数据缺失值的原因主要有调查对象疏漏或者拒填两种（王兴琼，2009）。在本研究中，数据缺失值还包括调查对象对同一题项勾选了两个答案，研究者并不能确定调查对象的选择，故将其处理为数据缺失。除了人口统计学变量的缺失值未做处理（这类变量属于分类变量），其余变量的缺失值采用"序列均值"替代。

四、同源误差检验

同源误差（Same Source Variance）又叫共同方法偏差（Common Method Biases），指由于相同的评分者或相同的数据来源、相同的测量环境、项目语境及项目本身所造成的预测变量与效标变量之间人为的共变。这种共变是一种系统误差，可能对研究结论有潜在的影响，需要通过程序控制和统计控制对共同方法偏差进行控制（周浩等，2004）。

程序控制指的是研究者在研究设计与测量过程中所采取的控制措施，如测量题项尽可能简洁准确；明确告知被试调查数据仅作研究统计使用，并告知答案无对错之分（王兴琼，2009）。

本研究按照上述要求进行程序控制，首先将调查问卷用信封装好并附上双面胶条，方便被试填答后封存问卷，在信封上和调查问卷的封面信中均明确告知被试调查数据的研究用途，且仅要求匿名填写；强调按真实情况作答，答案无对错之分；设置了反向题等，以期通过这些措施降低同源误差。但程序控制并不能完全消除同源误差，还需要在数据分析时采用统计方法来对同源误差进行检验。在统计上，通常采用 Harman 单因素检验法来检验同源误差的严重程度（Podsakoff 和 Organ，1986）。

Harman 单因素检验的基本假设是如果存在大量的共同方法变异，进行因素分析时，会出现析出单独一个因子或一个公因子解释了大部分变量变异的情况（周浩等，2004）。具体的做法是将问卷的全部题项纳入 SPSS 进行探索性因子分析，采用主成分分析，不进行旋转，确定特征值大于 1 的因子的解释量，结果见表 4-3。

表 4-3 Harman 单因素检验结果

成分	初始特征值			提取平方和载入		
	合计	方差的%	累积（%）	合计	方差的%	累积（%）
1	18.017	26.111	26.111	18.017	26.111	26.111
2	7.566	10.965	37.076	7.566	10.965	37.076
3	3.702	5.366	42.442	3.702	5.366	42.442
4	3.320	4.812	47.253	3.320	4.812	47.253
5	2.689	3.897	51.150	2.689	3.897	51.150
6	2.446	3.545	54.695	2.446	3.545	54.695
7	1.756	2.544	57.239	1.756	2.544	57.239
8	1.697	2.460	59.699	1.697	2.460	59.699
9	1.482	2.148	61.847	1.482	2.148	61.847
10	1.396	2.023	63.870	1.396	2.023	63.870
11	1.255	1.819	65.689	1.255	1.819	65.689
12	1.106	1.603	67.292	1.106	1.603	67.292
13	1.035	1.500	68.792	1.035	1.500	68.792

注：以下特征根低于 1 的数据省略。

从表 4-3 可知，共提取出 13 个特征值大于 1 的因子，解释了总变异量的 68.792%，其中第一主成分因子的解释变异量为 26.111%，未超过 50% 的标准（吴明隆，2010），因此本研究数据的同源误差并不显著。

第五节 测量工具的信度、效度检验

只有建立在良好信度、效度测量工具之上的实证研究，其结果才具有可靠性。因此在进行正式实证研究之前，还需要检验测量工具的信度、效度。本研究采用 Cronbach's α 系数检验各个问卷的信度，采用验证性因子分析（CFA）检验各个量表的结构效度，检验的具体结果见表4－4。

表4－4 测量工具的信度、效度检验

问卷名称	衡量指标							
	Cronbach's α 系数	χ^2/df	RMEA	AGFI	GFI	IFI	CFI	NFI
OC	0.822	2.990	0.064	0.908	0.942	0.933	0.932	0.903
JIC	0.874	2.916	0.076	0.939	0.978	0.984	0.984	0.980
EP	0.920	2.761	0.074	0.941	0.980	0.988	0.988	0.985
OP	0.938	2.646	0.073	0.946	0.983	0.993	0.993	0.991

从表4－4可以看出，各研究变量的 Cronbach's α 值均大于0.70的判断标准，具有较好的信度；从验证性因子分析的结果来看，模型的适配度指标均达到标准，其中 χ^2/df 的值小于3，RMSEA 的值小于1，GFI 与 AGFI 的值大于或接近0.90的判断标准（吴明隆，2010），从增值适配度指标来看，IFI、CFI、NFI 的值绝大部分超过0.90，个别接近0.90，表明模型的适配度较好。

第六节 研究假设验证

一、数据正态分布检验

本研究分析所用的数据要求具有正态分布的特征，首先对研究数据进行正态分布检验，检验结果见表4-5。

表4-5 数据正态分布检验结果（N=685）

题项	最小值	最大值	平均值	标准差	偏度	峰度
OC1	1	6	4.274	1.3222	−0.624	−0.317
OC2	1	6	4.428	1.2434	−0.630	−0.166
OC7	1	6	3.334	1.4100	0.067	−0.884
OC9	1	6	3.793	1.3442	−0.332	−0.574
OC10	1	6	4.050	1.2787	−0.476	−0.324
OC11	1	6	3.860	1.2845	−0.268	−0.595
OC12	1	6	3.799	1.2574	−0.147	−0.513
OC13	1	6	3.160	1.5689	0.212	−1.031
OC14	1	6	3.213	1.4167	0.098	−0.838
OC15	1	6	3.314	1.4494	0.065	−0.840
OC16	1	6	2.472	1.6206	0.766	−0.729
OC18	1	6	3.847	1.3997	−0.252	−0.656
OC19	1	6	3.618	1.3889	−0.087	−0.798
OC20	1	6	3.939	1.2713	−0.296	−0.467
JIC1	1	6	2.909	1.3883	0.393	−0.657

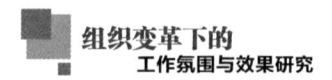

续表4-5

题项	最小值	最大值	平均值	标准差	偏度	峰度
JIC2	1	6	2.790	1.4182	0.434	−0.778
JIC3	1	6	2.486	1.3862	0.706	−0.445
JIC4	1	6	2.422	1.3905	0.793	−0.267
JIC5	1	6	3.666	1.3557	−0.221	−0.805
JIC6	1	6	4.063	1.4154	−0.453	−0.605
JIC7	1	6	3.777	1.4372	−0.301	−0.811
JIC8	1	6	3.361	1.4946	0.006	−1.010
TL1	1	6	3.849	1.5501	−0.320	−0.967
TL2	1	6	3.899	1.4286	−0.350	−0.747
TL3	1	6	3.947	1.5141	−0.433	−0.782
TL4	1	6	4.193	1.3564	−0.643	−0.128
TL5	1	6	4.438	1.2275	−0.748	0.180
TL6	1	6	4.255	1.3324	−0.725	−0.095
TL7	1	6	4.231	1.1819	−0.408	−0.153
TL8	1	6	4.080	1.3071	−0.500	−0.288
TL9	1	6	3.666	1.4020	−0.262	−0.729
TL10	1	6	3.672	1.3416	−0.190	−0.706
TL11	1	6	3.409	1.4446	−0.045	−0.982
TL12	1	6	3.340	1.3890	0.026	−0.835
TL13	1	6	3.368	1.3934	−0.046	−0.870
OP1	1	6	3.767	1.3761	−0.298	−0.690
OP2	1	6	3.884	1.4069	−0.324	−0.724
OP3	1	6	3.826	1.3720	−0.300	−0.646
OP4	1	6	3.740	1.3400	−0.226	−0.607

续表 4-5

题项	最小值	最大值	平均值	标准差	偏度	峰度
OP5	1	6	3.435	1.3824	-0.112	-0.910
OP6	1	6	3.865	1.2982	-0.375	-0.399
OP7	1	6	3.885	1.3610	-0.343	-0.664
EP1	1	6	4.451	1.1541	-0.701	0.149
EP2	1	6	4.324	1.0537	-0.578	0.341
EP3	1	6	4.479	1.0760	-0.711	0.613
EP4	1	6	4.275	1.0717	-0.566	0.385
EP5	1	6	4.299	1.0942	-0.568	0.367
EP6	2	6	4.301	1.1467	-0.596	0.267
CM1	1	6	3.026	1.4057	0.081	-0.960
CM2	1	6	3.164	1.3397	0.068	-0.781
CM3	1	6	3.192	1.2863	0.039	-0.706
CM4	1	6	3.377	1.3191	-0.059	-0.749
CM7	1	6	4.091	1.2833	-0.537	-0.173
CM8	1	6	3.985	1.3022	-0.598	-0.175
CM9	1	6	3.723	1.3519	-0.313	-0.652
CM10	1	6	3.824	1.2615	-0.421	-0.367
CM11	1	6	3.583	1.2920	-0.216	-0.558
CM12	1	6	3.587	1.2395	-0.198	-0.477

注：OC 代表组织变革，JIC 代表工作不安全氛围，TL 代表变革型领导，OP 代表组织绩效，EP 代表员工绩效，CM 代表变革管理，下同。

由表 4-5 可知，所有测量数据的偏度系数与峰度系数接近 0，可知本研究的数据近似地服从正态分布。

二、人口统计学变量的影响

（一）人口统计学变量对工作不安全氛围的影响

通过独立样本 T 检验以及单因素方差分析法对人口统计学变量对工作不安全氛围的影响进行分析，结果发现除"学历""职位""组织性质"分别在工作不安全氛围上存在显著差异外，其他人口统计学变量对工作不安全氛围的影响并不显著，详见表4-6、4-7、4-8所示。

表4-6 学历在工作不安全氛围上的单因素方差分析

检验变量		平方和	df	均方	F	事后比较 HSD法
工作不安全氛围	组间	59.524	3	19.841	20.273**	A>B A>C
	组内	660.612	675	0.979		A>D B>C
	总数	720.135	678			B>D

说明：A代表"高中或中专以下"，B代表"大专"，C代表"本科"，D代表"研究生"。

从表4-6可以看出，工作不安全氛围在学历上的差异达到显著，其中学历为高中或中专以下的样本在工作不安全氛围上的得分高于学历为大专、本科和研究生的样本；学历为大专的样本在工作不安全氛围上的得分高于学历为本科和研究生的样本。

表4-7 职位在工作不安全氛围上的单因素方差分析

检验变量		平方和	df	均方	F	事后比较HSD法
工作不安全氛围	组间	9.566	3	3.189	3.155*	A>B
	组内	668.057	661	1.011		
	总数	677.623	664			

说明：A代表"普通员工"，B代表"基层管理或基层专业技术人员"，C代表"中层管理或中层专业技术人员"，D代表"高层管理或高层专业技术人员"。

从表4-7可以看出，工作不安全氛围在职位上的差异达到显著，普通员工在工作不安全氛围上的得分高于基层管理或基层专业技术人员在工作不安全感上的得分。

表4-8 组织性质在工作不安全氛围上的单因素方差分析

检验变量		平方和	df	均方	F	事后比较HSD法
工作不安全氛围	组间	14.311	4	3.578	3.427**	A>D
	组内	709.847	680	1.044		B>D
	总数	724.158	684			

说明：A代表"国有或国有控股企业"，B代表"民营或民营控股企业"，C代表"外资或外资控股企业"，D代表"经营性事业单位"，E代表"其他"。

从表4-8可以看出，工作不安全氛围在组织性质上的差异达到显著，其中国有或国有控股企业、外资或外资控股的样本在工作不安全氛围上的得分均高于经营性事业单位的样本。

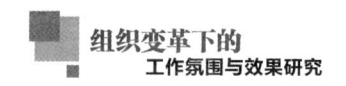

根据以上分析,在组织变革对工作不安全氛围及其维度影响的实证研究中,需控制相关人口统计学变量。

(二)人口统计学变量对变革效果的影响

通过独立样本 T 检验以及单因素方差分析法对性别、年龄、学历、行业、在公司的工作年限、职位层次、企业性质等人口统计学变量对组织绩效、员工绩效的影响进行分析,结果发现所有统计学变量对组织绩效的影响均不明显,除"学历""职位""组织性质"分别在员工绩效上存在显著差异外,其他人口统计学变量对员工绩效的影响并不显著,详见表 4—9、表 4—10、4—11。

表 4—9　员工绩效在学历上差异比较的方差分析

检验变量		平方和	df	均方	F	事后比较 HSD 法
员工绩效	组间	10.371	5	2.074	2.632*	A<B
	组内	524.871	666	0.788		
	总数	535.242	671			

说明:A 代表"高中、中专及以下",B 代表"大专",C 代表"本科",D 代表"研究生"。

由表 4—9 可知,员工绩效在学历上的差异达到显著,采用事后比较 HSD 法可知,学历为高中、中专及以下的员工在任务绩效上的得分要显著低于学历为大专的员工。

表 4－10　员工绩效在不同职位上差异比较的方差分析

检验变量		平方和	df	均方	F	事后比较 HSD 法
员工绩效	组间	22.150	3	7.383	9.326**	A<B
	组内	534.405	675	0.792		A<C
	总数	556.555	678			A<D

说明：A 代表"普通员工"，B 代表"基层管理或基层专业技术人员"，C 代表"中层管理或中层专业技术人员"，D 代表"高层管理或高层专业技术人员"。

由表 4－10 可知，员工绩效在职位上的差异达到显著，采用事后比较 HSD 法可知，普通员工在任务绩效上的得分要显著低于管理或专业技术人员。

表 4－11　员工绩效在组织性质上差异比较的方差分析

检验变量		平方和	df	均方	F	事后比较 HSD 法
员工绩效	组间	9.302	4	2.326	2.882**	A<B
	组内	548.658	680	0.807		
	总数	557.960	684			

说明：A 代表"国有或国有控股企业"，B 代表"民营或民营控股企业"，C 代表"外资或外资控股企业"，D 代表"事业单位"，F 代表"其他"。

由表 4－11 可知，员工绩效在组织性质上的差异达到显著，采用事后比较 HSD 法可知，国有或国有控股企业的员工在任务绩效上的得分要显著低于民营和民营控股企业的员工。

根据以上分析，在工作不安全氛围对结果变量影响的实证研究中，需控制相关人口统计学变量。

三、研究变量的皮尔逊相关系数

采用皮尔逊相关系数分析变量间的关系，结果见表4-12。

表4-12 相关变量的皮尔逊相关系数表

变量名称	1	2	3	4	5	6	7
组织变革	1						
管理改进	0.873**	1					
市场导向	0.800**	0.643**	1				
裁员重组	0.653**	0.307**	0.270**	1			
工作不安全氛围	0.083*	−0.121**	0.065	0.310**	1		
组织绩效	0.334**	0.398**	0.317**	0.034	−0.211**	1	
员工绩效	0.166**	0.232**	0.131**	−0.004	−0.272**	0.436**	1
均值	3.650	3.852	3.957	3.040	3.184	3.849	4.355
标准差	0.785	0.954	0.983	1.089	1.029	1.080	0.903

由表4-12可以看出，除裁员重组与组织绩效和员工绩效间的相关系数不显著外，其余变量均显著相关。组织变革与组织绩效、员工绩效显著正相关，相关系数分别为 $r=0.334$（$p<0.01$）、$r=0.166$（$p<0.01$）；工作不安全氛围与组织绩效、员工绩效显著负相关，相关系数分别为 $r=-0.211$（$p<0.01$）、$r=-0.272$（$p<0.01$），因此，研究假设H1、H2、H3均初步得到验证。

四、组织变革对工作不安全氛围的影响

考虑到前文分析中工作不安全氛围在学历、职位、组织性质上有显著差异,因此需要将其作为控制变量。在纳入控制变量后,将组织变革纳入回归模型 M2,结果见表 4－13。

表 4－13　组织变革及其子维度对工作不安全氛围的回归分析

变量	工作不安全氛围				
	M1	M2	M3	M4	M5
学历	−0.187**	−0.177**	−0.198**	−0.182**	−0.152**
职位	−0.019	−0.027	−0.01	−0.026	−0.033
组织性质	−0.026	−0.036	−0.008	−0.032	−0.027
组织变革		0.083*			
管理改进			−0.110**		
市场导向				0.062	
裁员重组					0.293**
R^2	0.04	0.046	0.051	0.043	0.124
ΔR^2	0.04	0.007	0.012	0.004	0.084
ΔF	8.933**	4.520*	8.058**	2.579	62.466**

注:* $p<0.05$,** $p<0.01$。

从表 4－13 中的模型 M2 可以看出,组织变革对工作不安全氛围具有显著正向影响(Beta＝0.083*,$p<0.05$),即组织变革会增强员工的工作不安全氛围,研究假设 H1 得到进一步验证。

为了进一步研究不同的组织变革维度对工作不安全氛围的影响，模型 M3 至 M5 分别纳入了组织变革的三个子维度管理改进、市场导向、裁员重组。从模型 M3 可以看出，管理改进对工作不安全氛围具有显著负向影响（Beta=−0.110**，$p<0.01$），即管理改进能减轻员工的工作不安全氛围；市场导向对工作不安全氛围的影响不显著（Beta=0.062，ns）；而裁员重组对工作不安全氛围具有显著正向影响（Beta=0.293**，$p<0.01$），即裁员重组会增强员工的工作不安全氛围。

五、组织变革对变革效果的影响

将组织变革及其子维度作为自变量，组织绩效作为因变量，验证组织变革对组织绩效的影响，结果见表 4−14。模型 M2 采用回归分析，验证了组织变革对组织绩效的影响，结果表明，组织变革对组织绩效有显著正向影响（Beta=0.332**，$p<0.01$），研究假设 H4 得到进一步验证。为了深入分析组织变革的三个子维度对组织绩效的影响，模型 M3、M4、M5 分别纳入了管理改进、市场导向、裁员重组三个子维度，结果显示，管理改进、市场导向均对组织绩效具有显著正向影响（Beta=0.400**，$p<0.01$ 和 Beta=0.327**，$p<0.01$）；而裁员重组对组织绩效的影响不显著（Beta=0.021，ns）。

表 4-14 组织变革及其子维度对组织绩效的回归分析

变量	组织绩效				
	M1	M2	M3	M4	M5
学历	-0.067	-0.025	-0.029	-0.041	-0.064
职位	0.087**	0.053	0.057	0.048	0.086*
组织性质	-0.043	-0.083*	-0.106*	-0.075*	-0.043
组织变革		0.332**			
管理改进			0.400**		
市场导向				0.327**	
裁员重组					0.021
R^2	0.013	0.12	0.168	0.117	0.013
ΔR^2	0.013	0.108	0.155	0.104	0.000
ΔF	2.800*	79.258**	120.835**	76.647**	0.294

接下来将组织变革及子维度作为自变量，员工绩效作为因变量，验证组织变革对员工绩效的影响，结果见表4-15。

表 4-15 组织变革及其子维度对员工绩效的回归分析

变量	员工绩效				
	M6	M7	M8	M9	M10
学历	0.067	0.087	0.087	0.077	0.068
职位	0.199**	0.183**	0.183	0.184**	0.199
组织性质	-0.009	-0.028	-0.043	-0.022	-0.009
组织变革		0.162**			
管理改进			0.215**		

续表4-15

变量	员工绩效				
	M6	M7	M8	M9	M10
市场导向				0.131**	
裁员重组					0.009
R^2	0.05	0.076	0.095	0.067	0.051
$\Delta R2$	0.05	0.025	0.045	0.017	0.000
ΔF	11.494**	17.851**	32.082**	11.583**	0.062

由表4-15可知，模型M7采用回归分析，验证了组织变革对员工绩效的影响，结果表明，组织变革对员工绩效有显著正向的影响（Beta=0.162**，$p<0.01$），研究假设H5得到进一步验证。为了深入分析组织变革的三个子维度对组织绩效的影响，模型M8、M9、M10分别纳入了市场导向、管理改进、裁员重组，结果显示，管理改进、市场导向均对员工绩效具有显著正向的影响（Beta=0.215**，$p<0.01$和Beta=0.131**，$p<0.01$）；而裁员重组对员工绩效的影响作用不显著（Beta=0.009，ns）。

六、工作不安全氛围对变革效果的影响

将工作不安全氛围及子维度作为自变量，组织绩效和员工绩效作为因变量，验证工作不安全氛围对组织绩效和员工绩效的影响，结果见表4-16。

表 4－16　工作不安全氛围对组织绩效和员工绩效的回归分析

变量	组织绩效 M11	组织绩效 M12	员工绩效 M13	员工绩效 M14
学历	－0.067	－0.108	0.067	0.025
职位	0.087*	0.083**	0.199**	0.195**
组织性质	－0.043	－0.049	－0.009	－0.014
工作不安全氛围		－0.218**		－0.220**
R^2	0.013	0.058		
ΔR^2	0.013	0.045		
ΔF	2.800*	31.281**	0.05	0.097

由表 4－16 可知，模型 M12 采用回归分析，验证了工作不安全氛围对组织绩效和员工绩效的影响，结果表明，工作不安全氛围对组织绩效有显著负向影响（Beta＝－0.218**，$p<0.01$），即工作不安全氛围会降低组织绩效，研究假设 H4 得到进一步验证。接下来验证工作不安全氛围及其子维度对员工绩效的影响，模型 M14 采用回归分析，验证了工作不安全氛围对员工绩效的影响，结果表明，工作不安全氛围对员工绩效有显著负向影响（Beta＝－0.220**，$p<0.01$），即工作不安全氛围会降低员工的绩效，研究假设 H5 得到进一步验证。

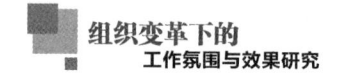

七、工作不安全氛围在组织变革及变革效果间的中介效应检验

(一) 中介检验方法

如果自变量 X 通过影响变量 M 而对因变量 Y 产生影响,则称 M 为中介变量。可用下列回归方程及中介模型(如图 4-2 所示)来描述变量之间的关系:

$$Y = cX + e_1 \quad (4-1)$$

$$M = aX + e_2 \quad (4-2)$$

$$Y = c'X + bM + e_3 \quad (4-3)$$

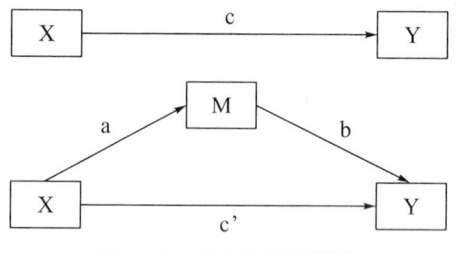

图 4-2 中介效应模型图

方程(4-1)中的系数 c 为自变量 X 对因变量 Y 的总效应。方程(4-2)中的系数 a 为自变量 X 对中介变量 M 的效应。方程(4-3)中的系数 b 是在控制了自变量 X 的影响后,中介变量 M 对因变量 Y 的效应;系数 c' 是在控制了中介变量 M 的影响后,自变量 X 对因变量 Y 的直接效应;e_1、e_2、e_3 是回归残差。对于这样的简单中介模型,中介效应等于间接效应,即等于系数乘积 ab,它与总效应和直接效应有如下关系:

$$c = c' + ab \qquad (4-4)$$

中介效应的检验方法中最常用的是依次检验回归系数法，即通常说的依次法。具体检验方法如下。首先检验自变量 X 对因变量 Y 的总效应，要求 $c \neq 0$ 且显著。其次检验自变量 X 对中介变量 M 的作用，要求 $a \neq 0$ 且显著，这是中介作用存在的必要条件。最后检验解释变量 M 和 X 对因变量 Y 的作用，当满足 $c \neq 0$、$a \neq 0$、$b \neq 0$ 且都显著时，就说明存在中介作用；而此时若 $c' \neq 0$ 且显著，则为部分中介作用；若 $c' = 0$，则为全部中介作用（许水平、尹继东，2014；温忠麟、叶宝娟，2014）。

依次检验回归法简单易懂，易于理解和解释。但检验力在各种中介检验方法中是最低的，不容易检验到中介效应显著（温忠麟等，2012）。

具体来讲，首先，系数乘积的检验（即检验 H0：$ab = 0$）是中介效应检验的核心，依次检验法对系数乘积采用间接检验方法，如果依次检验结果 a 和 b 都显著，足够支持 ab 显著。但依次检验法的检验力较低，即系数乘积实际上显著，而依次检验比较容易得出不显著的结论（温忠麟等，2012）。

其次，依次检验法的第一步是检验方程（4-1）的系数 c，有些研究者认为该检验步骤和要求没有必要。他们的论据是间接效应（ab）的符号可能和直接效应（c'）的符号相反，使得总效应（c）不显著；但中介效应仍是存在的；也可能存在两条中介路径，其间接效应大小相近但符号相反，使得总效应不显著。就是说，即使总效应不显著，间接效应还是可能存在的。这种系数 c 不显著，但间接效应仍存在的情况被不少文献称为"遮掩效应"，即如果间接效应（ab）和直接效应（c'）符号相反，间接效应和直接效应间会出现相互抵消，因此总效应就出现了被遮掩的情况，其绝对值比预料的要低（温忠麟等，2012；温忠麟、叶宝娟，2014）。

在众多研究者的推进下，中介研究方法也不断完善。温忠麟等（2014）引入广义中介的概念，综合依次检验法和 Bootstrap 法的优点，提出中介效应的检验流程，如图 4-3 所示。

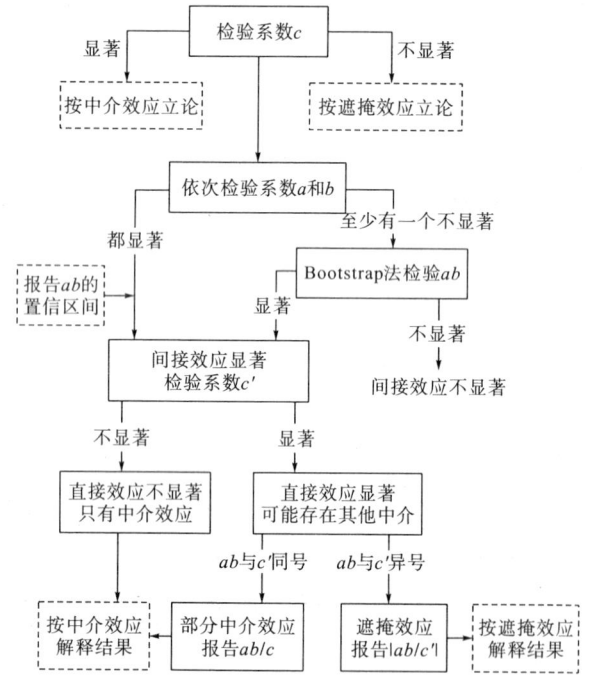

图 4-3 中介效应检验流程图（资料来源：温忠麟，2014）

在中介效应检验中,当第一步检验得出 X 对 Y 的影响不显著后,仍然继续后续检验步骤。推荐先尝试简单的依次检验 a 和 b,如果不显著则用 Bootstrap 法直接检验系数乘积 ab,以提高检验力。该检验流程与单纯的依次检验法和 Bootstrap 法检验系数乘积相比,无论是从第一类错误率、检验力还是结果的解释性方面考虑都更好。因此本研究采用该流程进行中介效应检验。

(二)工作不安全氛围在组织变革与组织绩效之间的中介效应检验

检验工作不安全氛围在组织变革与组织绩效之间的中介效应,检验步骤和结果见表 4-17。

表4-17　工作不安全氛围在组织变革与组织绩效之间的中介效应检验

因变量	组织绩效					工作不安全氛围					组织绩效		
解释变量	M19	M20	M21	M22	M23	M24	M25	M26	M27	M28	M29	M30	M31
控制变量													
学历	-0.067	-0.025	-0.029	-0.041	-0.064	-0.187**	-0.177**	-0.198**	-0.182**	-0.152**	-0.069	-0.064	-0.085	-0.102*
职位	0.087**	0.053	0.057	0.048	0.086*	-0.019	-0.027	-0.010	-0.026	-0.033	0.047	0.055	0.042	0.078*
组织性质	-0.043	-0.083*	-0.106*	-0.075*	-0.043	-0.026	-0.036	-0.008	-0.032	-0.027	-0.092*	-0.108*	-0.083*	-0.050
自变量													
组织变革		0.332**				0.933**					0.353**			
管理改进			0.400**				0.083*					0.380**		
市场导向				0.327**				-0.110*					0.341**	
裁员重组					0.021				0.062					0.093*
中介变量													
工作不安全氛围										0.293				
R²	0.013	0.12	0.168	0.117	0.013	0.04	0.046	0.051	0.043	0.124	0.179	0.197	0.172	0.124
△R²	0.013	0.108	0.155	0.104	0.000	0.04	0.007	0.012	0.004	0.084	0.058	0.029	0.55	0.084
△F	2.800*	79.258**	120.835**	76.647**	0.294	8.933**	4.520*	8.058*	2.579	62.466**	45.885**	23.455**	42.795**	62.466**

第四章　工作不安全氛围在组织变革及其效果间的中介作用

(1) 检验自变量组织变革对因变量组织绩效的总效应系数：以组织绩效为因变量，分两步引入回归方程的自变量。首先引入控制变量，包括学历、职位、组织性质，然后引入自变量组织变革，检验结果见表 4-6 中的模型 M20，组织变革对组织绩效有显著正向影响，标准回归系数 $c=0.332^{**}$ ($p<0.01$)，表明组织变革会提升组织的绩效。

(2) 检验自变量组织变革对中介变量工作不安全氛围的作用：以工作不安全氛围为因变量，首先引入控制变量，其次引入自变量组织变革，检验结果见表 4-6 中的模型 M25，组织变革对工作不安全氛围有显著正向影响，标准回归系数 $a=0.083^{*}$ ($p<0.05$)，表明组织变革会增强员工的工作不安全氛围。

(3) 检验解释变量 M 和 X 对因变量 Y 的作用：首先引入控制变量，其次引入组织变革，最后引入中介变量工作不安全氛围，检验结果见表 4-6 中的模型 M29，工作不安全氛围对组织绩效有显著负向影响，标准回归系数 $b=-0.247^{**}$ ($p<0.01$)，表明工作不安全氛围会降低组织的绩效。

以上验证表明 $c\neq0$、$a\neq0$、$b\neq0$ 且都显著，就说明存在中介效应；而此时 $c'\neq0$ 且显著，$c'=0.353^{**}$ ($p<0.01$)，工作不安全氛围在组织变革对组织绩效的影响中存在部分中介效应，即工作不安全氛围会部分降低组织变革对组织绩效的提升作用。研究假设 H6 得到验证。

因为 $c=c'+ab$，间接效应 ab 和直接效应 c' 符号相

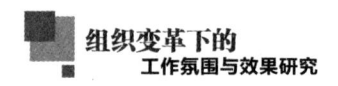

反,总效应 c 就出现了被遮掩的情况,其绝对值比预料的要低,即 $|c|<|c'|$。

依据以上流程进行验证,同样可以证明工作不安全氛围在管理改进对组织绩效的影响中也具有部分中介效应。而裁员重组维度对组织绩效的影响不显著,市场导向对工作不安全氛围的影响作用不显著,因此以上两个维度的中介效应检验均需进一步以 Bootstrap 法直接检验系数乘积 ab,以提高检验力。

(三)工作不安全氛围在组织变革与员工绩效之间的中介效应检验

检验工作不安全氛围在组织变革与员工绩效之间的中介效应,检验步骤和结果见表 4-18。

第四章 工作不安全氛围在组织变革及其效果间的中介作用

表4-18 工作不安全氛围在组织变革与员工绩效之间的中介效应检验

因变量	员工绩效						工作不安全氛围					员工绩效			
解释变量	M32	M33	M34	M35	M36	M37	M38	M39	M40	M41	M42	M43	M44	M45
控制变量														
学历	0.067	0.087	0.087	0.077	0.068	−0.187**	−0.177**	−0.198**	−0.182**	−0.152**	0.045	0.048	0.035	0.031
职位	0.199***	0.183**	0.183	0.184**	0.199	−0.019	−0.027	−0.010	−0.026	−0.033	0.176**	0.181**	0.178**	0.190**
组织性质	−0.009	−0.028	−0.043	−0.022	−0.009	−0.026	−0.036	−0.008	−0.032	−0.027	−0.036*	−0.044	−0.029*	−0.015
自变量														
组织变革		0.162**					0.083*				0.181**			
管理改进			0.215**					−0.110*				0.193**		
市场导向				0.131**					0.062				0.145**	
裁员重组					0.009					0.293**				0.081*
中介变量														
工作不安全氛围											−0.235**	−0.198**	−0.229**	−0.244**
R^2	0.050	0.076	0.095	0.067	0.051	0.04	0.046	0.051	0.043	0.124	0.128	0.132	0.117	0.103
ΔR^2	0.050	0.025	0.045	0.017	0.000	0.04	0.007	0.012	0.004	0.084	0.053	0.037	0.05	0.052
ΔF	11.494**	17.851**	32.082**	11.583**	0.062	8.933**	4.520**	8.058**	2.579	62.466**	39.040**	27.773**	36.715**	37.589**

(1) 检验自变量组织变革对因变量员工绩效的总效应系数：以员工绩效为因变量，分两步引入回归方程的自变量。首先引入控制变量，包括学历、职位、组织性质，然后引入自变量组织变革，检验结果见模型 M33，组织变革对员工绩效有显著正向影响，标准回归系数 $c = 0.162^{**}$（$p<0.01$），表明组织变革会提升员工绩效。

(2) 检验自变量组织变革对中介变量工作不安全氛围的作用：以工作不安全氛围为因变量，首先引入控制变量，其次引入自变量组织变革，检验结果见模型 M38，组织变革对工作不安全氛围有显著正向影响，标准回归系数 $a = 0.083^{*}$（$p<0.05$），表明组织变革会增强员工的工作不安全氛围。

(3) 检验解释变量 M 和 X 对因变量 Y 的作用：首先引入控制变量，其次引入组织变革，最后引入中介变量工作不安全氛围，检验结果见模型 M42，工作不安全氛围对组织绩效有显著负向影响，标准回归系数 $b = -0.235^{**}$（$p<0.01$）。

以上验证表明 $c \neq 0$、$a \neq 0$、$b \neq 0$ 且都显著，就说明存在中介效应；而此时 $c' \neq 0$ 且显著，$c' = 0.181^{**}$（$p<0.01$），工作不安全氛围在组织变革对员工绩效的影响中存在部分中介作用，即工作不安全氛围会部分降低组织变革对员工绩效的提升作用。研究假设 H7 得到验证。

因为 $c = c' + ab$，间接效应 ab 和直接效应 c' 符号相反，总效应 c 就出现了被遮掩的情况，其绝对值比预料的要低，即 $|c| < |c'|$。

依据以上流程进行验证,同样可以证明工作不安全氛围在管理改进对员工绩效的影响中也具有部分中介作用。而裁员重组维度对员工绩效的影响不显著,市场导向对工作不安全氛围的影响不显著,因此以上两个维度的中介作用检验均需进一步以 Bootstrap 法直接检验系数乘积 ab,以提高检验力。

(四) 基于 Bootstrap 法的中介效应检验

本研究运用 Hayes 开发的 SPSS 宏程序 Process 软件,采取 Bootstrap 法对工作不安全氛围在组织变革与组织绩效和员工绩效之间的简单中介效应进行进一步检验。在原有数据 (N=685) 的基础上,通过重复随机抽样的方法抽取 5000 个样本,对所生成和保存的中介效应估计值进行大小排序,并由此获得 95% 的中介效应置信区间。如果中介效应的 95% 置信区间不包括 0,则表明中介效应显著,具体结果见表 4-19。

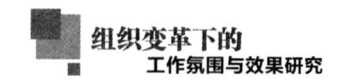

表4-19 工作不安全氛围简单中介效应检验

变量	(M1：工作不安全氛围) β	se	t	p	(M2：组织绩效) β	se	t	p	(M3：员工绩效) β	se	t	p
constant	3.545	0.246	14.432	0.000	5.034	0.222	22.617	0.000	3.889	0.231	16.857	0.000
学历	-0.223	0.052	-4.326	0.000	-0.093	0.052	-1.797	0.073	0.049	0.043	1.137	0.256
职位	-0.029	0.043	-0.673	0.501	0.054	0.043	1.254	0.210	0.162	0.035	4.609	0.000
组织性质	-0.025	0.028	-0.896	0.37	-0.676	0.027	-2.476	0.014	-0.022	0.023	-0.958	0.339
组织变革	0.106	0.05	2.126	0.034	0.483	0.05	9.738	0.000	0.198	0.041	4.852	0.000
工作不安全氛围					-0.264	0.039	-6.774	0.000	-0.201	0.032	-6.248	0.000
R^2	0.046				0.179				0.128			
F	7.866***				28.140***				19.08***			

注：(1) 表中的β值为非标准化回归系数；(2) 用于估算偏差校正置信区间的 Bootstrap 重复样本数为5000；
(3) * $p<0.05$，** p 小于 0.01，*** p 小于 0.001，均为双侧，下同。

如模型 M1 所示，在控制了统计学变量后，组织变革对工作不安全氛围（$M1, \beta=0.106, p<0.05$）具有显著的正向影响，即组织变革会增强工作不安全氛围；将组织变革与工作不安全氛围同时置入模型后，结果显示工作不安全氛围对组织绩效的负向影响显著（$M2, \beta=-0.264, p<0.001$），即工作不安全氛围会降低组织绩效。然后运用偏差校正的非参数百分位 Bootstrap 法对工作不安全氛围的中介效应进行检验，结果显示，在组织变革影响组织绩效的路径中，工作不安全氛围间接效应值为 -0.028（$p<0.01$），95%置信区间为（$-0.051, -0.001$），置信区间不包含 0，表明工作不安全氛围在组织变革对组织绩效的影响中的单纯中介效应显著，即工作不安全氛围会降低组织变革对组织绩效的提升作用，假设 H6 得到进一步验证。

如模型 M3 所示，将组织变革与工作不安全氛围同时置入模型后，结果显示工作不安全氛围对员工绩效的负向影响显著（$M2, \beta=-0.201, p<0.001$）。同时运用偏差校正的非参数百分位 Bootstrap 法对工作不安全氛围的中介效应进行检验，结果显示，在组织变革影响组织绩效的路径中，工作不安全氛围的间接效应值为 -0.021（$p<0.01$），95%置信区间为（$-0.045, -0.005$），置信区间不包含 0，表明工作不安全氛围在组织变革对员工绩效的影响中的单纯中介效应显著，即工作不安全氛围会降低组织变革对员工绩效的提升作用，假设 H7 得到进一步验证。

用同样的方法对组织变革的各个维度进行分析,结果见表4-20,可得到如下结论:在组织变革的各个维度中,管理改进通过工作不安全氛围对组织绩效的中介效应系数为0.026,95%置信区间为(0.008,0.051),不包括0,中介效应显著,表明管理改进可以通过降低工作不安全氛围来提升组织绩效;市场导向通过工作不安全氛围对组织绩效的中介效应系数为-0.019,95%置信区间为(-0.043,0.003),包括0,表明不存在中介效应;裁员重组通过工作不安全氛围对组织绩效的中介效应系数为-0.086,95%置信区间为(-0.124,-0.055),不包括0,中介效应显著,表明裁员重组可能增强工作不安全氛围,从而降低组织绩效。

工作不安全氛围在管理改进对员工绩效的影响中存在显著的中介效应,表明管理改进可以通过降低工作不安全氛围来提升员工绩效;工作不安全氛围在市场导向对员工绩效的影响中不存在中介效应,而在裁员重组对员工绩效的影响中存在显著的中介效应,即工作不安全氛围会加强裁员重组对员工绩效的负向影响。

表4-20 工作不安全氛围的中介效应Bootstrap分析

路径	中介效应	95%置信区间 下限	95%置信区间 上限
组织变革—工作不安全氛围—组织绩效	-0.028	-0.051	-0.001
管理改进—工作不安全氛围—组织绩效	0.026	0.008	0.051
市场导向—工作不安全氛围—组织绩效	-0.019	-0.043	0.003

续表4-20

路径	中介效应	95%置信区间 下限	95%置信区间 上限
裁员重组—工作不安全氛围—组织绩效	-0.086	-0.124	-0.055
组织变革—工作不安全氛围—员工绩效	-0.021	-0.045	-0.005
管理改进—工作不安全氛围—员工绩效	0.028	0.009	0.056
市场导向—工作不安全氛围—员工绩效	-0.017	-0.041	0.003
裁员重组—工作不安全氛围—员工绩效	-0.077	-0.111	-0.051

本章小结

一、研究假设验证情况汇总

表4-21对本章关于工作不安全氛围作用结果的假设验证情况进行了汇总，发现研究假设均得到了验证，说明本研究在理论假设上较为科学，收集的数据也比较可靠，对数据的预处理也保证了研究结果的呈现。

表4-21 本章关于研究假设检验情况汇总

研究假设	假设的内容	验证情况
H1	组织变革作为整体构念对工作不安全氛围有显著的正向影响，即组织变革会增强工作不安全氛围，但组织变革的各个维度对工作不安全氛围有不同的影响。	验证

续表4-21

研究假设	假设的内容	验证情况
H2	组织变革作为整体构念对组织绩效具有显著正向影响,即组织变革会提升组织的绩效,但组织变革各维度对组织绩效有不同的影响。	验证
H3	组织变革作为整体构念对员工绩效具有显著正向影响,即组织变革会提升员工的绩效,但组织变革各维度对员工绩效有不同的影响。	验证
H4	工作不安全氛围对组织绩效具有显著负向影响。	验证
H5	工作不安全氛围对员工绩效具有显著负向影响。	验证
H6	工作不安全氛围在组织变革与组织绩效之间起消极的中介作用。	验证
H7	工作不安全氛围在组织变革与员工绩效之间起消极的中介作用。	验证

二、研究结论

本章对组织变革、工作不安全氛围、组织绩效和员工绩效之间的关系进行了实证研究,结果表明:

(1) 总体来看,组织变革对工作不安全氛围有显著正向影响,说明组织变革会导致工作不安全氛围。但组织变革的三个维度对工作不安全氛围有不同的影响,其中管理改进显著降低了工作不安全氛围,市场导向与工作不安全氛围不相关,裁员重组对工作不安全氛围有显著的加强作用。

(2) 组织变革及其子维度市场导向、管理改进对组织绩效和员工绩效具有显著的正向影响,而组织变革中的裁员重组对组织绩效和员工绩效的影响不显著,即裁员重组不能提升组织绩效和员工绩效。

（3）工作不安全氛围对组织绩效和员工绩效均具有显著负向影响。

（4）工作不安全氛围在组织变革对组织绩效和员工绩效的影响作用中均起到显著的消极的中介作用。

三、讨论与分析

在本章中，组织变革对组织绩效和员工绩效的正向影响得到了验证，其中组织变革的市场导向维度和管理改进维度与组织变革的影响作用一致，而裁员重组维度对组织绩效和员工绩效的影响不显著。魏丽坤、陈维政（2015）的研究一定程度上能对这一现象作出解释，他们针对中国本土120起"裁员门"事件进行了分析研究，结果表明，中国企业裁员实践存在两大弊端：缺乏法制规范和道德底线的任意裁员和暴力裁员；缺乏科学管理理论和管理方法的无序裁员和低效裁员。这一定程度上解释了本研究中发现的裁员重组会显著增加工作不安全氛围，而没有起到显著正向影响组织绩效和员工绩效的作用。

同时，本研究表明工作不安全氛围对组织绩效和员工绩效均有负向影响，且工作不安全氛围在组织变革与变革效果之间起到显著的消极的中介作用。这说明工作不安全氛围具有广泛的消极影响，企业管理者对此要加以重视，同时应未雨绸缪，对可能导致工作不安全氛围的因素进行干预，积极防范组织变革可能产生的消极影响。

第五章　变革型领导与变革管理的调节作用

上一章主要探讨了组织变革、工作不安全氛围对变革效果的影响及工作不安全氛围在组织变革及其效果间的中介作用。本章将对变革型领导与变革管理的调节作用进行实证研究。首先分析实证变革型领导和变革管理在组织变革与工作不安全氛围间的调节作用，探明工作不安全氛围产生的边界条件；其次就变革型领导和变革管理对工作不安全氛围中介效应的调节作用进行分析。

组织变革的目的是增进组织效能（Beer，1980），绩效是组织变革最重要的结果变量，也是最常见的衡量组织变革效果的指标。因此，本研究采取组织绩效和员工绩效作为变革效果的衡量指标。

第一节　研究变量的关系模型与研究假设

根据第二章的工作不安全氛围影响因素及作用结果的综合研究模型，同时结合本研究具体选择的研究变量，构建组织变革对工作不安全氛围影响作用的研究模型。该模型在第二章研究模型的基础之上，进一步明晰了研究变量之间的关系，具体内容见图5-1、表5-1。

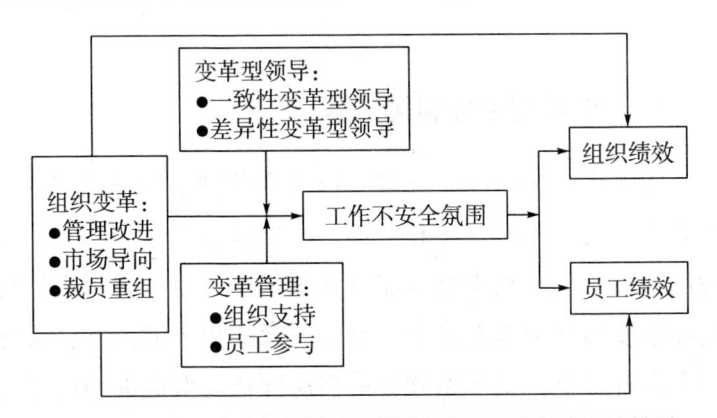

图5-1 工作不安全氛围影响因素及作用结果的综合理论模型

表5-1 变革型领导与变革管理调节作用的研究假设汇总

研究假设	假设的内容
H8	变革型领导在组织变革对工作不安全氛围的影响中具有负向调节作用。
H9	变革管理在组织变革对工作不安全氛围的影响中具有负向调节作用。
H10	变革型领导对工作不安全氛围在组织变革和组织绩效之间的中介效应起负向调节作用。
H11	变革型领导对工作不安全氛围在组织变革和员工绩效之间的中介效应起负向调节作用。
H12	变革管理对工作不安全氛围在组织变革和组织绩效之间的中介效应起负向调节作用。
H13	变革管理对工作不安全氛围在组织变革和员工绩效之间的中介效应起负向调节作用。

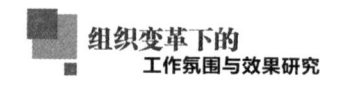

第二节 测量方法与测量工具

一、变革型领导测量工具

Wang 和 Howell（2010）提出变革型领导可以划分为团队导向的变革型领导和个体导向的变革型领导两类。前者包含理想化影响维度与愿景激励维度，后者包含个性化关怀维度与智力激发维度。有研究者提出不同的社会文化和工作背景下，变革型领导的多层面概念对应的结构维度具有权变性（张艳清等，2015）。在参考现有文献的基础上，孙永磊等（2016）依照 Wang 和 Howell（2010）在一致性变革型领导和差异性变革型领导研究过程中的建议，开发了符合我国情境的量表。该量表从提供角色模范、展现高绩效期望和阐明愿景三个维度测度一致性变革型领导，代表题项如"领导能够以身作则，是我们的好榜样""组织定期会挑选一些高绩效员工作为标杆，供我们学习""领导为我们描绘出组织美好的远景"。该量表从智力激发和个性化关怀两个维度测度差异性变革型领导风格，典型题项如"领导会激励我在日常工作中思考解决问题的新方法、新思路""领导很了解我的个人状况，并会充分考虑我自身的需求"。该量表是借鉴较为成熟的量表开发的，且在我国情境下被证实具有较高的信度和效度。因此，本研究采用孙永磊等（2016）开发的量表对变革型领导进行测量。

二、变革管理测量工具

尽管变革管理的研究已有大量文献，但直到近些年才有可测量的量表来涵盖变革管理的核心元素（朱其权，2012）。Herold等（2008）基于Kotter（1995）提出的八步骤模型开发的量表，从管理者视角出发，测量有利于组织变革成功的领导行为和管理举措，其典型题项如"在变革方案实施前，上级强调了变革的紧迫性""上级让此次变革获得了广泛支持"。而本研究基于员工视角，目的是研究什么样的变革管理可以对员工的心理氛围产生影响，因此更侧重于对员工的变革反应有影响的变革管理措施，借鉴朱其权（2012）的研究思路，除该量表的核心元素，本研究纳入变革公平、组织支持、员工参与等被研究证实对降低变革抵制及工作不安全感有效的战略和活动，典型题项如"公司给予员工情感上的安抚"，经探索性因子分析，分为"组织支持""员工参与"两个维度。从探索性和验证性因子分析的结果来看，变革管理量表具有较好的信度和效度。

变革管理测量量表采用的是本研究修订的量表，关于量表的信度、效度指标第三章已作了详细的阐释。

本研究所使用的其他变量的测量工具第四章第二节已有介绍，不再赘述。

第三节 调查过程与研究样本概况

本章与第四章所用的分析数据为同一数据,调查过程和研究样本概况第四章已作了详细介绍,不再赘述。

第四节 测量工具的信度、效度检验

只有建立在良好的信度、效度测量工具之上的实证研究,其结果才具有可靠性。因此在进行正式的实证研究之前,还需要检验测量工具的信度、效度。本研究采用Cronbach's α 系数检验各个问卷的信度,采用验证性因子分析(CFA)检验各个量表的结构效度,具体结果见表5-2。

表5-2 测量工具的信度、效度检验

问卷名称	Cronbach's α 系数	χ^2/df	RMEA	AGFI	GFI	IFI	CFI	NFI
OC	0.822	2.990	0.064	0.908	0.942	0.933	0.932	0.903
JIC	0.874	2.916	0.076	0.939	0.978	0.984	0.984	0.980
EP	0.920	2.761	0.074	0.941	0.980	0.988	0.988	0.985
TL	0.917	2.700	0.074	0.911	0.955	0.970	0.970	0.962
OP	0.938	2.646	0.073	0.946	0.983	0.993	0.993	0.991
CM	0.916	2.662	0.084	0.886	0.934	0.966	0.966	0.947

从表 5-2 可以看出，各研究变量的 Cronbach's α 系数均大于 0.70 的判断标准，具有较好的信度；从验证性因子分析的结果来看，模型的适配度指标均达到标准，其中 χ^2/df 的值小于 3，RMSEA 的值小于 1，GFI 与 AGFI 的值大于或接近 0.90 的判断标准（吴明隆，2010），从增值适配度指标来看，IFI、CFI、NFI 的值绝大部分超过 0.90，个别接近 0.90，表明模型的适配度较好。

第五节　研究假设验证

一、研究变量之间的皮尔逊相关系数

相关系数主要用于变量之间的相关程度以及相关方向的研究。本研究中的组织变革、工作不安全氛围、变革型领导、变革管理均为连续变量，故采用皮尔逊相关方法计算变量之间的相关系数，结果见表 5-3。

表 5-3 研究变量之间的皮尔逊相关系数

变量名称	1	2	3	4	5	8	9	10	11	12	13
组织变革	1										
管理改进	0.873**	1									
市场导向	0.800**	0.643**	1								
裁员重组	0.653**	0.307**	0.270**	1							
工作不安全氛围	0.083*	−0.121**	0.065	0.310**	1						
变革型领导	0.508**	0.567**	0.452**	0.128**	−0.173**	1					
一致性变革型领导	0.489**	0.532**	0.442**	0.135**	−0.097*	0.924**	1				
差异性变革型领导	0.448**	0.514**	0.392**	0.102**	−0.222**	0.921**	0.702**				
变革管理	0.520**	0.592**	0.464**	0.115**	−0.225**	0.623**	0.527**	0.624**	1		
组织支持	0.458**	0.540**	0.425**	0.061	−0.241**	0.603**	0.530**	0.583**	0.933**	1	
员工参与	0.494**	0.538**	0.418**	0.163**	−0.158**	0.521**	0.413**	0.549**	0.880**	0.651**	1
均值	3.650	3.852	3.957	3.040	3.184	3.873	4.116	3.589	3.555	3.799	3.190
标准差	0.785	0.954	0.983	1.089	1.029	0.976	0.991	1.137	0.996	1.037	1.179

二、变革型领导在组织变革与工作不安全氛围关系间的调节作用

由表 5-4 可知,分析调节效应时,首先将工作不安全氛围设为因变量,然后依次引入控制变量、自变量(组织变革)和调节变量(变革型领导),最后加入组织变革与变革型领导两者的交互项。为了消除变量之间的共线性,在构造两者的交互项时,先分别将两者中心化。分析结果显示两者的交互项对工作不安全氛围的影响系数为 -0.113^{**}(M2,$p<0.01$),说明变革型领导在组织变革对工作不安全氛围的影响中具有显著的负向调节作用,即变革型领导能有效降低组织变革产生的工作不安全氛围。假设 H8 得到验证。

为了进一步检验变革型领导两个维度的调节作用,模型 M3 至 M6 将工作不安全氛围设为因变量,然后依次引入控制变量、自变量(组织变革)和调节变量(一致性变革型领导、差异性变革型领导),最后加入组织变革分别和一致性变革型领导、差异性变革型领导两者的交互项。同样为了消除变量之间的共线性,在构造两者的交互项时,先分别将两者中心化。分析结果显示两者的交互项对工作不安全氛围的影响系数依次为 -0.102^{**}(M4,$p<0.01$),-0.116^{**}(M6,$p<0.01$),说明一致性变革型领导与差异性变革型领导在组织变革对工作不安全氛围的影响中具有显著的负向调节作用,即一致性和差异性变革型领导都可以有效降低组织变革产生的工作不安全氛围,

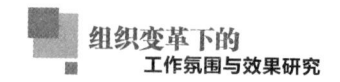

其中差异性变革型领导维度的负向调节作用更大。

表5－4 变革型领导的调节效应检验结果

变量	工作不安全氛围					
	M1	M2	M3	M4	M5	M6
学历	−0.223**	−0.217**	−0.196**	−0.192**	−0.171**	−0.163**
职位	−0.006	−0.011	−0.0132	−0.017	−0.020	−0.026
组织性质	−0.031	−0.029	−0.0117	−0.009	−0.029	−0.028
组织变革	0.214**	0.218**	0.182**	0.189**	0.210**	0.213**
变革型领导	−0.287**	−0.292**				
一致性变革型领导			−0.215**	−0.231**		
差异性变革型领导					−0.288**	−0.286**
组织变革×变革型领导		−0.113**				
组织变革×一致性变革型领导				−0.102**		
组织变革×差异性变革型领导						−0.116**
R^2	0.123	0.136	0.081	0.091	0.113	0.126
ΔR^2	0.066	0.013	0.041	0.010	0.073	0.013
ΔF	25.382**	9.915**	14.571**	7.153**	26.619**	9.934**

本研究分别以均值加减一个标准差为基准，描述了不同程度变革型领导情况下的组织变革对工作不安全氛围的影响差异。由图5－2可知，变革型领导在组织变革对工作不安全氛围的影响中存在负向调节作用，即变革型领导较强时，组织变革产生的工作不安全氛围较弱；变革型领导较弱时，组织变革产生的工作不安全氛围较强。

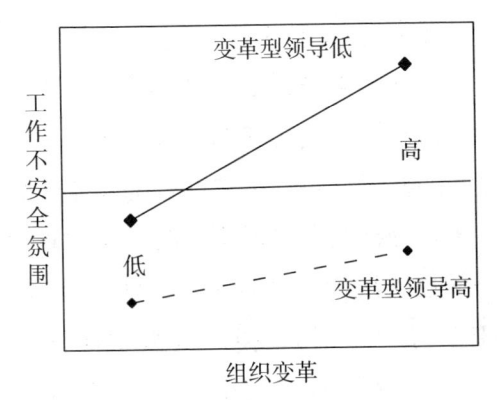

图 5-2　变革型领导对组织变革与工作不安全氛围关系的调节效应

三、变革管理在组织变革与工作不安全氛围之间的调节作用

据上述分析可知,学历、职位、组织性质对工作不安全氛围有影响,因此有必要将它们作为控制变量。由表 5-5 可知,分析调节效应时,首先将工作不安全氛围设为因变量,然后依次引入控制变量、自变量(组织变革)和调节变量(变革管理),最后加入组织变革与变革管理两者的交互项。为了消除变量之间的共线性,在构造两者的交互项时,先分别将两者中心化,分析指出两者的交互项对工作不安全氛围的影响系数为 -0.097^{**}(M8, $p<0.01$),说明变革管理在组织变革对工作不安全氛围的影响中具有显著的负向调节效应,即变革管理能有效降低组织变革产生的工作不安全氛围。研究假设 H9 得到验证。

为了进一步检验组织变革两个维度(组织支持、员工参与)的调节效应,模型 M9 至 M12 将工作不安全氛围设为因变量,然后依次引入控制变量、自变量(组织变革)和调节变量(组织支持、员工参与),最后加入组织变革分别和组织支持、员工参与两者的交互项。同样为了消除变量之间的共线性,在构造两者的交互项时,先分别将两者中心化,分析结果显示两者的交互项对工作不安全氛围的影响系数依次为 -0.117^{**} (M10,$p<0.01$),-0.08^{**} (M12,$p<0.01$),说明组织支持与员工参与两个维度在组织变革对工作不安全氛围的影响中具有显著的负向调节效应,即变革管理的两个维度都能有效降低组织变革产生的工作不安全氛围,且组织支持维度的调节效应更大(见表5-5)。

表5-5 变革管理的调节效应检验结果

变量	工作不安全氛围					
	M7	M8	M9	M10	M11	M12
学历	-0.180^{**}	-0.185^{**}	-0.191^{**}	-0.196^{**}	-0.170^{**}	-0.174^{**}
职位	-0.014	-0.017	-0.020	-0.024	-0.016	-0.017
组织性质	-0.015	-0.008	-0.030	-0.022	-0.013	-0.006
组织变革	0.265^{**}	0.261^{**}	0.247^{**}	0.243^{**}	0.193^{*}	0.192^{**}
变革管理	-0.359^{**}	-0.352^{**}				
组织沟通			-0.369^{**}	-0.368^{**}		
员工参与					-0.226^{**}	-0.219^{**}
组织变革×变革管理		-0.097^{**}				
组织变革×组织支持				-0.117^{**}		
组织变革×员工参与						-0.08^{**}
R^2	0.140	0.150	0.155	0.168	0.084	0.090

续表5-5

变量	工作不安全氛围						
	M7	M8	M9	M10	M11	M12
ΔR^2	0.094	0.009	0.108	0.014	0.038	0.006
ΔF	70.876**	7.032**	82.824**	10.561**	26.557**	4.501*

本研究分别以均值加减一个标准差为基准，描述了不同变革管理水平下的组织变革对工作不安全氛围的影响差异。由图5-3可知，变革管理在组织变革对工作不安全氛围的影响中存在负向调节作用，即变革管理较强时，组织变革产生的工作不安全氛围较弱；变革管理较弱时，组织变革产生的工作不安全氛围较强。

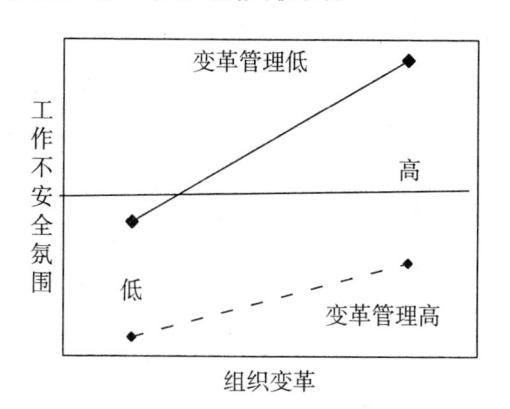

图5-3 变革管理对组织变革与工作不安全氛围关系的调节效应

本研究已经验证工作不安全氛围的中介效应以及变革型领导、沟通参与对中介效应前半段的调节作用，在明确了中介变量和调节变量后，可以进一步对变量之间的关系作深入细致的分析。如果将变革型领导的调节作用与工作不安全氛围的中介作用整合起来，就可以进一步形成有调节的中介效应模型（温忠麟等，2006）。以变革型领导为调节变量的情况为例，即工作不安全氛围中介了组织变革对变革效果（组织绩效和员工绩效）的影响，而该中介效应的大小要受到变革型领导的调节影响。当变革型领导程度较高时，工作不安全氛围对组织变革与变革效果之间的中介效应较小；当变革型领导程度较低时，工作不安全氛围对组织变革与变革效果之间的中介效应较大。

本研究继续运用宏程序 Process 分析变革型领导、变革管理对组织变革与工作不安全氛围关系的调节作用，以及对工作不安全氛围中介效应的调节作用，结果见表5—6。

第五章　变革型领导与变革管理的调节作用

表 5-6　工作不安全氛围有调节的中介效应检验

变量	(M1 因变量: 工作不安全氛围) β	se	t	p	(M2 因变量: 工作不安全氛围) β	se	t	p	(M3 因变量: 组织绩效) β	se	t	p	(M4 因变量: 员工绩效) β	se	t	p
constant	3.94	0.157	25.077	0.000	3.936	0.155	25.332	0.000	5.034	0.222	22.617	0.000	4.613	0.183	25.159	0.000
学历	-0.227	0.05	-4.576	0.000	-0.232	0.049	-4.771	0.000	-0.093	0.052	-1.797	0.073	0.049	0.043	1.137	0.256
职位	-0.02	0.042	-0.488	0.626	-0.019	0.041	-0.456	0.648	0.054	0.043	1.254	0.210	0.162	0.035	4.609	0.000
组织性质	-0.094	0.027	-0.354	0.724	-0.005	0.026	-0.208	0.835	-0.676	0.027	-2.476	0.014	-0.022	0.023	-0.958	0.339
组织变革	0.288	0.055	5.246	0.000	0.334	0.055	6.104	0.000	0.483	0.050	9.738	0.000	0.198	0.041	4.852	0.000
工作不安全氛围									-0.264	0.039	-6.774	0.000	-0.201	0.032	-6.248	0.000
变革型领导	-0.298	0.044	-6.765	0.000												
变革型领导×组织变革	-0.125	0.041	-3.041	0.003												
变革管理					-0.356	0.043	-8.274	0.000								
变革管理×组织变革					-0.102	0.038	-2.652	0.008								
R2	0.119				0.150				0.179				0.128			
F	14.525***				18.958***				28.140***				19.079***			

注：(1) 表中的 β 值为非标准化回归系数；(2) 用于估算偏差校正置信区间的 Bootstrap 重复样本数为 5000；(3) * $p<0.05$，** p 小于 0.01，*** p 小于 0.001，均为双侧。

181

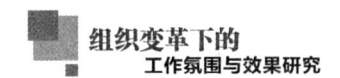

四、变革型领导对工作不安全氛围中介作用的调节效应检验

由表5-6中的模型M1可知,回归模型中变革型领导与组织变革的交互作用对工作不安全氛围的影响达到了显著性水平($\beta=-0.125$,$p<0.01$),说明变革型领导在组织变革对工作不安全氛围的影响中存在负向调节作用。且当变革型领导程度低时,组织变革与工作不安全氛围间的正向关系较强,$\beta=0.436$($t=6.651$,$p=0.000$,95%置信区间=[0.307,0.564]);当变革型领导程度高时,组织变革与工作不安全氛围间的正向关系较弱,$\beta=0.232$($t=3.399$,$p<0.022$,95%置信区间=[0.098,0.366])。研究假设H8得到了进一步的验证。为了更直观地呈现变革型领导对组织变革与工作不安全氛围关系的调节作用,笔者绘制了调节作用示意图(如图5-4所示)。

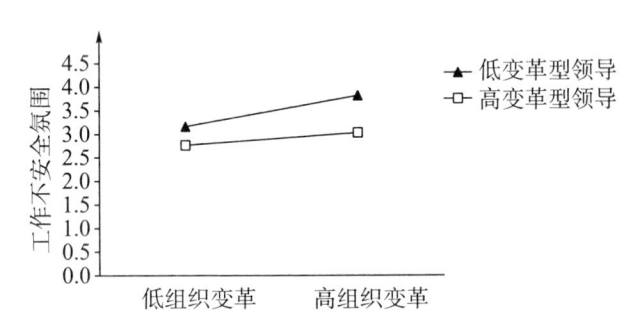

图5-4 变革型领导对组织变革与工作不安全氛围关系的调节作用

接下来进一步检验变革型领导对工作不安全氛围中介

效应的调节作用,其中结果变量分别为组织绩效和员工绩效时,变革型领导对工作不安全氛围中介效应的调节作用分别见表5-7、表5-8。

由表5-7可知,当变革型领导程度较低时,组织变革通过工作不安全氛围作用于组织绩效的间接效应较强($\beta_{低变革领导}=-0.110$,95%置信区间不包含0);当变革型领导程度较高时,组织变革通过工作不安全氛围作用于组织绩效的间接效应较弱($\beta_{高变革领导}=-0.042$,95%置信区间不包含0),且通过有调节的中介效应的比较,分别对低、中、高变革型领导情境下,组织变革通过工作不安全氛围作用于组织绩效的间接效应进行两两比较,结果有显著差异。根据Hayes(2015)提出的有调节的中介效应检验方法,检验参数Index=0.033,其95%置信区间为(0.006,0.059),不包含0。综合可知变革型领导对组织变革与组织绩效关系的中介效应会受到变革型领导的调节,即产生了被调节的中介效应。因此,研究假设H10得到验证。

表5-7 当调节变量为变革型领导,因变量为组织绩效时有调节的中介效应的Bootstrap检验

结果类型	指标	效应值	BootSE	95%置信区间	
				Low	High
有调节的中介效应	EFF1_{低变革型领导(-1SD)}	-0.110	0.027	-0.165	-0.059
	EFF2_{中变革型领导}	-0.075	0.020	-0.116	-0.039
	EFF3_{高变革型领导(+1SD)}	-0.042	0.021	-0.086	-0.005

续表5-7

结果类型	指标	效应值	BootSE	95%置信区间 Low	95%置信区间 High
有调节的中介效应比较	Eff2－Eff1	0.035	0.014	0.007	0.063
	Eff3－Eff1	0.068	0.028	0.138	0.122
	Eff3－Eff2	0.033	0.013	0.007	0.059

注：调节变量为变革型领导，因变量为组织绩效。

由表5-8可知，当变革型领导程度较低时，组织变革通过工作不安全氛围作用于员工绩效的间接效应较强（$\beta_{低变革领导}=-0.083$，95%置信区间不包含0）；当变革型领导程度较高时，组织变革通过工作不安全氛围作用于组织绩效的间接效应较弱（$\beta_{高变革领导}=-0.032$，95%置信区间不包含0），且通过有调节的中介效应的比较，分别对低、中、高变革型领导情境下，组织变革通过工作不安全氛围作用于员工绩效的间接效应进行两两比较，结果有显著差异。根据Hayes（2015）提出的有调节的中介效应检验方法，检验参数Index=0.020，其95%置信区间为（0.002，0.043），不包含0。综合可知变革型领导对组织变革与组织绩效关系的中介效应会受到变革型领导的调节，即产生了被调节的中介效应。因此，研究假设H11得到验证。

表 5-8 调节变量为变革型领导，因变量为员工绩效时
有调节的中介效应的 Bootstrap 检验

结果类型	指标	效应值	BootSE	95%置信区间 Low	95%置信区间 High
有调节的中介效应	EFF1 低变革型领导(-1SD)	-0.083	0.023	-0.135	-0.043
	EFF2 中变革型领导	-0.057	0.017	-0.094	-0.028
	EFF3 高变革型领导(+1SD)	-0.032	0.017	-0.068	-0.003
有调节的中介效应比较	Eff2-Eff1	0.027	0.011	0.005	0.050
	Eff3-Eff1	0.052	0.022	0.009	0.095
	Eff3-Eff2	0.025	0.011	0.004	0.046

注：调节变量为变革型领导，因变量为员工绩效。

五、变革管理对工作不安全氛围中介作用的调节效应检验

由表 5-6 中的模型 M2 可知，回归模型中变革管理与组织变革的交互作用对工作不安全氛围的影响达到了显著性水平（$\beta=-0.102$，$p<0.01$），说明变革管理在组织变革对工作不安全氛围的影响中存在负向调节作用。且当变革管理程度低时，组织变革与工作不安全氛围间的正向关系较强，$\beta=0.436$（$t=6.651$，$p=0.000$，95%置信区间=[0.307, 0.564]）；当变革型领导程度高时，组织变革与工作不安全氛围间的正向关系较弱，$\beta=0.232$（$t=3.399$，$p<0.022$，95%置信区间=[0.098, 0.366]）。假设 H9 进一步得到了验证。为了更直观地呈现变革型领导对组织变革与工作不安全氛围关系的调节作

用，笔者绘制了调节作用示意图（如图 5-5 所示）。

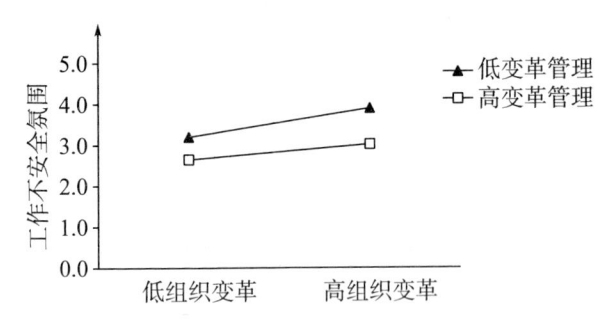

图 5-5 变革管理对组织变革与工作不安全氛围关系的调节效应

接下来进一步检验变革型管理对工作不安全氛围中介效应的调节作用，当结果变量分别为组织绩效和员工绩效时，变革管理对工作不安全氛围中介效应的调节效应分别见表 5-9、表 5-10。

由表 5-9 可知，当变革管理程度较低时，组织变革通过工作不安全氛围作用于组织绩效的间接效应较强（$\beta_{低变革领导}=-0.115$，95% 置信区间不包含 0）；当变革管理程度较高时，组织变革通过工作不安全氛围作用于组织绩效的间接效应较弱（$\beta_{高变革领导}=-0.061$，95% 置信区间不包含 0），且通过有调节的中介效应的比较，分别对低、中、高变革管理情境下，组织变革通过工作不安全氛围作用于组织绩效的间接效应进行两两比较，结果有显著差异。根据 Hayes（2015）提出的有调节的中介效应检验方法，检验参数 Index = 0.027，其 95% 置信区间为（0.002，0.053），不包含 0。综合可知变革管理对组织变革与组织绩效关系的中介效应会受到变革管理的调节，即产生了被调节的中介效应。因此，研究假设 H12 得到验证。

表 5-9 当调节变量为变革管理，因变量为组织绩效时有调节的中介效应的 Bootstrap 检验

结果类型	指标	效应值	BootSE	95%置信区间 Low	95%置信区间 High
有调节的中介效应	EFF1 低变革管理(-1SD)	-0.115	0.028	-0.175	-0.066
	EFF2 中变革管理	-0.088	0.022	-0.134	-0.050
	EFF3 高变革管理(+1SD)	-0.061	0.023	-0.109	-0.020
有调节的中介效应比较	Eff2-Eff1	0.021	0.011	0.002	0.043
	Eff3-Eff1	0.041	0.021	0.004	0.087
	Eff3-Eff2	0.021	0.011	0.002	0.043

注：调节变量为变革管理，因变量为组织绩效。

由表 5-10 可知，当变革管理程度较低时，组织变革通过工作不安全氛围作用于员工绩效的间接效应较强（$\beta_{低变革领导}=-0.087$，95%置信区间不包含 0）；当变革管理程度较高时，组织变革通过工作不安全氛围作用于组织绩效的间接效应较弱（$\beta_{高变革领导}=-0.047$，95%置信区间不包含 0），且通过有调节的中介效应的比较，分别对低、中、高变革管理情境下，组织变革通过工作不安全氛围作用于组织绩效的间接效应进行两两比较，结果有显著差异。根据 Hayes（2015）提出的有调节的中介效应检验方法，检验参数 Index = 0.020，其 95%置信区间为 (0.002，0.043)，不包含 0。综合可知变革管理对组织变革与员工绩效关系的中介效应会受到变革管理的调节，即

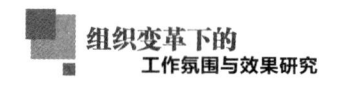

产生了被调节的中介效应。因此，研究假设 H13 得到验证。

表 5-10　当调节变量为变革管理，因变量为员工绩效时
有调节的中介效应的 Bootstrap 检验

结果类型	指标	效应值	BootSE	95%置信区间 Low	95%置信区间 High
有调节的中介效应	EFF1 低变革管理(-1SD)	-0.087	0.023	-0.139	-0.047
	EFF2 中变革管理	-0.067	0.018	-0.105	-0.036
	EFF3 高变革管理(+1SD)	-0.047	0.017	-0.084	-0.015
有调节的中介效应比较	Eff2-Eff1	0.021	0.011	0.002	0.043
	Eff3-Eff1	0.041	0.021	0.004	0.087
	Eff3-Eff2	0.021	0.011	0.002	0.043

注：调节变量为变革管理，因变量为员工绩效。

本章小结

一、研究假设验证情况汇总

表 5-11 对本章关于组织变革对工作不安全氛围影响作用的假设验证情况进行了汇总。研究假设均得到了验证，说明本研究在理论假设上较为科学，收集的数据也比较可靠，对数据的预处理也保证了研究结果的呈现。

表 5-11　本章关于研究假设检验情况汇总

研究假设	假设的内容	验证情况
H8	变革型领导在组织变革对工作不安全氛围的影响中具有负向调节效应。	验证
H9	变革管理在组织变革对工作不安全氛围的影响中具有负向调节效应。	验证
H10	变革型领导对工作不安全氛围在组织变革和组织绩效之间的中介效应起负向调节效应。	验证
H11	变革型领导对工作不安全氛围在组织变革和员工绩效之间的中介效应起负向调节效应。	验证
H12	变革管理对工作不安全氛围在组织变革和组织绩效之间的中介效应起负向调节效应。	验证
H13	变革管理对工作不安全氛围在组织变革和员工绩效之间的中介效应起负向调节效应。	验证

二、研究结论

（1）本研究对变革型领导和变革管理在组织变革与工作不安全氛围间的调节作用，以及对工作不安全氛围在组织变革与变革效果间的中介效应的调节作用进行了分析与实证研究，结论如下：

第一，变革型领导及其两个维度均在组织变革对工作不安全氛围的影响中具有负向调节作用，说明变革型领导能有效降低组织变革对工作不安全氛围的影响，研究假设 H8 得到验证，且一致性变革型领导维度的负向调节作用更大。

第二，变革管理及其两个维度"组织支持""员工参与"均在组织变革对工作不安全氛围的影响中具有负向调节作用,说明变革管理能够有效降低组织变革对工作不安全氛围的影响,研究假设 H9 得到验证,且组织支持维度的负向调节作用更大。

(2) 基于上一章工作不安全氛围在组织变革及其效果间具有中介作用的检验及本研究中变革型领导、变革管理对组织变革与工作不安全氛围关系的调节作用检验,本章进一步进行有调节的中介作用检验,结果表明:工作不安全氛围在组织变革和变革效果(组织绩效和员工绩效)间的中介效应受变革型领导和变革管理的影响。具体而言:

第一,工作不安全氛围在组织变革和变革效果(组织绩效和员工绩效)间有消极的中介作用,而该中介作用的大小要受变革型领导的负向调节。当变革型领导程度较高时,工作不安全氛围对组织变革与变革效果间的中介作用较小;当变革型领导程度较低时,工作不安全氛围对组织变革与变革效果间的中介作用较大,研究假设 H10、H11 得到验证。

第二,工作不安全氛围在组织变革和变革效果(组织绩效和员工绩效)间有消极的中介作用,而该中介作用的大小要受变革管理的负向调节。当变革管理程度较高时,工作不安全氛围对组织变革与变革效果间的中介作用较小;当变革管理程度较低时,工作不安全氛围对组织变革与变革效果间的中介作用较大,研究假设 H12、H13 得到验证。

三、讨论与分析

谁来领导变革（领导风格）与如何领导变革（变革管理）是变革方案实施的两个关键问题。这两个问题分别对应着领导理论研究范式和组织变革研究范式。前者认为领导风格具有持久性和跨情境性，认为特定的领导类型自然而然地更有利于处理好各种变革情景。该范式的研究表明，变革型领导在变革期间非常有效。后者则关注当组织变革时，研究如何对变革进行管理，认为适当的变革行为能够具体化，任何管理者都可以通过采用适当的变革行为取得积极的变革效果。谁来领导变革与如何领导变革对员工的变革反应及变革效果有显著的影响，然而在理论研究上，其所对应的两种范式彼此平行推进，缺少整合（朱其权，2012）。鉴于传统中以上两个重要的研究方法是不相互交叉的，组织变革理论并没有将特定的变革行为与更为广泛的领导概念和结构连接（Herold 等，2008），但已经有学者就变革型领导与变革中的领导行为进行了阐述，并对其关系进行了研究。

基于此，本研究对变革型领导风格和变革管理在组织变革与工作不安全氛围间的调节作用进行了验证。结果表明变革型领导和变革管理均在组织变革对工作不安全氛围的影响中具有显著的调节效应。变革型领导的调节作用更大。这与已有研究具有一定的一致性。如 Herold 等（2008）研究发现变革型领导比具体的变革领导行为对追随者的变革承诺的影响更显著，对于不被视为变革领导的

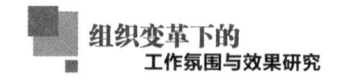

领导者，其良好的变革管理举措被认为与更高水平的变革承诺相关。本研究认为变革型领导比具体的变革领导行为对组织变革与工作不安全氛围关系的调节作用更强，对于不被视为变革领导的领导者，可以通过采用适当的变革管理行为来减弱工作的不安全氛围，进而取得积极的变革效果。

变革领导的两个维度一致性变革型领导与差异性变革型领导在组织变革对工作不安全氛围的影响中具有显著的调节作用。一致性变革型领导维度的调节作用更大。这一研究结论与本研究的文献分析也较为一致。因为一致性变革型领导注重理想化影响与愿景激励，主要强调构筑下属的共同愿景、共同价值观和共同理想，更关注群体的共性而非成员的个性；差异性变革型领导注重个性化关怀与智力激发，更强调员工个体的需求、能力、情感状态。因而对组织变革与作为工作场所氛围而非个体基于自身工作状况评估而产生的不安全感，一致性变革型领导的调节效应更强。

本研究进一步检验了工作不安全氛围在组织变革与变革效果间的中介效应是否受变革型领导和变革管理的调节。结果表明，变革型领导和变革管理均能够对工作不安全氛围的中介作用起到调节作用。这意味着高变革型领导和高变革管理都有利于抑制工作不安全氛围的消极的中介作用，有利于促进组织变革对变革效果的积极作用，这也与已有研究契合。如张婧等（2013）指出变革执行是影响变革成效的关键，管理者变革必要性和紧迫性的展现、变革意图的沟通是触发员工变革动力的关键，而建立支持系统是变革尤为重要的保障。郑明身（2006）也指出建立并巩固全员参与是持续改进管理的关键，一定程度上也印证了本研究提出的组织支持、员工参与两个维度的变革管理措施及变革型领导在组织变革中的积极作用。

研究结论与管理启示

一、研究结论

（一）组织变革量表与变革管理量表修订

本研究通过文献归纳法、内容编码法等，结合我国企业的实际情况，经过系统、科学的分析，修订了组织变革量表和变革管理量表，并探讨了其维度结构。本研究所修订的量表在题项间具有较高的内在一致性，呈现出较高的信度，并具有理想的结构效度。

研究发现，员工感知的组织变革主要体现在三个方面：管理改进、市场导向以及裁员重组。本研究修订的组织变革量表的内涵更为丰富，既涵盖了大规模、根本性的变革，也包括组织为适应变化而不断做出调整的渐进式、持续式变革。而且该量表的维度划分更符合变革实践，组织的变革往往不是纯粹的技术变革或结构变革，也不只是人力资源和组织文化的变革，而是涵盖了以上多种内容的一系列变革的整合。该组织变革维度划分能反映对员工工作生活影响程度的差异，有利于管理者在此基础之上提出更为有的放矢的干预策略。

同时，员工感知的组织变革管理主要体现在"组织支持""员工参与"两个维度。已有的变革管理量表是基于西方的变革理论和实践提出的（朱其权，2012），且缺乏对变革管理具体维度的探讨。本研究立足我国企业，对变革管理量表进行了修订，一定程度上突破了西方的变革管理范式。另外，变革管理涉及组织和员工双方的互动，本研究从组织和员工两个视角展开，最终形成组织与员工两个视角的维度，丰富了变革管理的研究。

（二）工作不安全氛围在组织变革与变革效果间的中介作用

本研究对组织变革、工作不安全氛围、变革效果之间的关系以及工作不安全氛围在组织变革与变革效果间的中介作用进行了分析与实证研究，结论如下：

（1）总体来看，组织变革对工作不安全氛围有显著正向影响，说明组织变革会导致在员工中形成工作不安全氛围。但组织变革的三个维度对工作不安全氛围有不同的影响，其中管理改进会显著降低工作不安全氛围，市场导向与工作不安全氛围不相关，而裁员重组会增强员工中的工作不安全氛围。可见组织变革中对工作不安全氛围产生显著影响的是裁员重组类的重大变革。

（2）组织变革及其管理改进和市场导向两个维度对组织绩效和员工绩效具有显著的正向影响，即可以促进并提升组织和员工的绩效，而组织变革中的裁员重组维度对组织绩效和员工绩效的影响不显著。

（3）工作不安全氛围对组织绩效和员工绩效均具有显著的消极负向影响。

（4）工作不安全氛围在组织变革对组织绩效和员工绩效的影响中均起到显著的消极的部分中介效应，即组织变革会因为形成员工中的工作不安全氛围，从而部分降低组织绩效和员工绩效。

（三）变革型领导和变革管理的调节作用

本研究对变革型领导和变革管理在组织变革与工作不安全氛围间的调节作用以及对工作不安全氛围在组织变革与变革效果间的中介效应的调节作用进行了分析与实证研究，结论如下：

（1）变革型领导及其两个维度（一致性变革型领导和差异性变革型领导）均在组织变革对工作不安全氛围的影响中具有负向调节作用，说明变革型领导能有效降低组织变革对工作不安全氛围的影响，且一致性变革型领导维度的负向调节作用更大。

（2）变革管理及其两个维度"组织支持"和"员工参与"均在组织变革对工作不安全氛围的影响中具有负向调节作用，说明变革管理能够有效降低组织变革对工作不安全氛围的影响，且组织支持维度的负向调节作用更大。

基于对工作不安全氛围在组织变革及其效果间具有中介作用的验证，以及对变革型领导和变革管理对组织变革与工作不安全氛围关系的调节作用的验证，本研究进一步进行了有调节的中介作用检验。结果表明：工作不安全氛围在组织变革和变革效果间的中介效应会受到变革型领导和变革管理的调节。具体而言：

（1）工作不安全氛围在组织变革与变革效果（组织绩效和员工绩效）间存在部分中介作用，而该中介作用的大小要受变革型领导的调节作用。当变革型领导程度较高时，工作不安全氛围对组织变革与变革效果之间消极的中介作用较小；当变革型领导程度较低时，工作不安全氛围对组织变革与变革效果间消极的中介作用较大。

（2）工作不安全氛围在组织变革与变革效果（组织绩效和员工绩效）间存在部分中介作用，而该中介作用的大小要受变革管理的调节。当变革管理程度较高时，工作不安全氛围对组织变革与变革效果间消极的中介作用较小；当变革管理程度较低时，工作不安全氛围对组织变革与变革效果间消极的中介作用较大。

二、管理启示

企业界与学术界对员工个体的工作不安全感一直颇为重视，但多数研究聚焦在员工对当前自身工作的可存续性和稳定性受到威胁而缺乏控制的主观感知上，并没有考虑工作不安全作为工作场所的共同认知或者一种工作场所普遍存在的氛围情境（Sora 等，2009）。工作不安全感这种个体感知也可能在组织成员对组织未来的谈论中发酵、扩散，并在组织成员中形成缺乏工作安全感的共同认知（Sora 等，2009），在组织内形成一种普遍的工作不安全氛围（Låstad 等，2015）。近年来，在组织变革频繁（Petrou 等，2018）、工作环境充满不确定性的前提下，工作不安全氛围逐渐引起了研究者的关注，并取得了一定的研究成果。但工作不安全氛围仍有许多问题亟待明确，其与组织变革和变革效果的关系就是这一研究领域的核心问题。组织变革对工作不安全氛围有什么样的影响？能否找到影响工作不安全氛围的核心变革因素？工作不安全氛围对变革效果有什么样的影响？工作不安全氛围在组织变革及变革效果间是否起到中介作用？组织应该采取什么样的策略和方法防范和管控工作不安全氛围的消极影响？本研究尝试对以上问题进行解答，并根据实证研究结果，提出如下管理启示。

（一）重视工作不安全氛围在组织变革及其效果间的中介效应

组织变革的目标是追求组织整体利益最大化，这虽然与大部分员工的期待一致，但组织利益最大化的实现可能会对组织内各个主体的权利和利益进行重新分配，由此给个人和群体带来影响甚至冲击，从而在员工中形成工作不安全氛围，影响组织变革的顺利实施。组织变革涵盖多种内容，且变革内容决定了变革的影响范围和程度（朱其权，2012；王霄等，2018）。本研究发现，并非所有的组织变革都会引起工作不安全氛围，组织变革中的"管理改进"和"市场导向"两个维度不但不会在员工中形成工作不安全氛围，还具有提升员工绩效和组织绩效的作用。这提示正在进行变革或准备实施变革的企业可以从"管理改进"和"市场导向"两个维度着手，减少或消除组织变革带来的不利影响。

本研究中的管理改进包括"公司积极进行业务流程改进""公司采取人性化管理提升员工士气"等题项，所代表的并不是独立的变革事件或状态性的研究，而是持续的幅度和规模都较小的改变和调整。管理改进是全员参与，持续不断地提升管理水平的变革模式，持续的管理改进应该是大力倡导的管理变革与创新的基本途径（郑明身，2006）。海尔集团"日事日毕，日清日高"的管理理念和实践，宝钢集团的对标管理、精益生产都是持续改进的优秀范例。

市场导向的概念起源于营销学，指管理者的关注点从企业自身向市场和顾客转变（Drucker，1954）。Kohli 和 Jaworski（1990）从行为过程视角将市场导向界定为组织关于现在和未来顾客信息的搜集、传播及整个组织对信息的反应。市场导向是提供独特的顾客价值，实现竞争优势的首要前提，许多研究都证实了市场导向对企业绩效有改善作用（姚梅芳等，2019）。因此这一概念既是国内外营销和变革领域重要的研究主题，也是企业建立竞争优势的重要选择（张婧等，2013）。从全国企业管理现代化创新成果审定委员会公布的历届创新成果可以看出，不少企业的市场导向变革颇具特色且效果显著。例如国家电网山东省电力公司淄博供电公司的"以客户需求为牵引的供电服务创新管理"、重庆青山工业有限责任公司的"以市场为

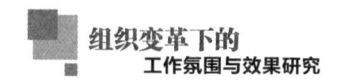

导向的技改项目优化管理"、北京铁路局的"以市场为导向的铁路客运经营管理"、漯河卷烟厂的"以消费者为导向的市场定位与管理"、中国电子科技集团公司第三十八研究所的"军工科研院所以市场为导向的战略转型"等，这些颇具成效的变革项目获得了各方专家、学者的一致肯定。

另外，本研究发现"裁员重组"既难以提升绩效，又容易在员工中形成不安全氛围。为此，企业在组织变革中应当慎重选择"裁员重组"这类较极端的变革。企业裁员动机可以分为被动式和主动式，前者是为了临时性应对经济衰退或避免破产等被迫采取的管理措施，后者则是为了解决组织面临的人浮于事、周期性行业下滑等问题主动采取的人力资源优化配置方式。企业在业务低迷期可以采取替代性的措施来减少或避免被动式裁员，如在业务低迷的短期调整模式中，可以采取冻结招聘、强制休假、缩短工作周期、削减加班费、减薪、削减成本等多种裁员替代方案，在业务低迷期的中期调整模式中，可以采取持续减薪、自愿休假、员工租赁、鼓励离职等方法替代裁员（Gandolfi，2008）。

"互联网+"和分享经济的盛行，打破了个人与工作单位之间单一、固定、排他的雇佣关系，为实现多重职业和灵活就业提供了可能，在企业管理实践中出现了多种灵活的用工形式（张新红，2016）。在这种大的背景下，企业可以通过购买服务、工作分享、灵活用工等方式对人力资源配置进行优化，尽可能减少和避免主动性裁员，以防范工作不安全氛围的产生。

(二)重视变革管理与变革型领导在变革中的积极作用

要想防范工作不安全氛围的产生,使员工积极投入与其利益紧密相连的组织变革,使变革取得更好的效果,必须使员工相信组织变革不会蓄意损害员工的利益,并尽可能地保障组织或个体的有利的变革结果。为达此目的,企业可以进一步完善变革的规范化制度化建设,具体而言,可从以下几个方面入手。

1. 变革管理的视角

(1)变革流程的制度化、规范化。以对工作不安全氛围影响最突出的裁员重组类变革为例,魏丽坤、陈维政(2015)针对我国本土120起"裁员门"事件进行了分析,结果表明我国企业裁员实践存在两大弊端:缺乏法制规范和道德底线的任意裁员和暴力裁员;缺乏科学管理理论和管理方法的无序裁员和低效裁员。这也解释了本研究中发现的裁员重组会显著增加工作不安全氛围,不能显著正向影响组织绩效和员工绩效。以裁员重组为例,变革要经过科学的评估、基于充分的沟通和公平公正公开原则,慎重地作出裁员决定;裁员目标要明确,避免二次裁员;重视沟通和员工参与,提升裁员管理者的人际工作技能。

(2)鼓励员工参与组织变革。将员工的变革参与行为制度化、流程化,从制度层面保障员工的变革参与权。如规定变革前需要组织企业和班组多个层面的变革沟通会,宣导组织变革的必要性和可能性，传递企业对变革的信心，展现变革能力，帮助员工认同组织的愿景、价值和理想，形成个体与组织命运休戚相关的意识，树立企业有能力带领员工顺利达成变革目标的信心；形成健全的变革沟通机制，及时满足员工对变革信息的关注和渴求，保证员工的反馈机制畅通；规定变革方案的制定需要多少比例的基层员工出席及投票等方式，将员工变革参与行为制度化，从制度层面保障员工的变革参与权；从文化上倡导沟通、参与、授权的组织氛围，增进员工对变革公平的信赖。这些将员工视为组织利益共同体的态度和行为都将有助于打消员工的猜疑和顾虑，调动员工的变革热情和积极性。

（3）加强组织在员工技能培养和心理援助上的支持。首先，加强员工的知识和技能培养，以提升员工的可雇佣性。在组织变革频繁、工作环境充满不确定性的前提下，员工难免对自己的职业发展道路感到担心和迷茫。企业一方面应建立健全全员培训机制，在日常管理中加强员工的专业知识和技能培养，以提升员工的可雇佣性，扩展员工未来的发展空间，降低员工因组织发展的不确定性而产生的无助感和压力感。另一方面，企业应做出针对性的培训策略，针对员工个性化需求的知识技能培养能促进员工的智力激发，激发员工的潜能，提升员工的变革准备性。这些日常的管理积累在变革时期能够起到"养兵千日，用兵一时"的效果，对组织变革可能带来的工作不安全氛围有显著的预防作用。同时，针对因变革需要调整工作岗位或工作内容的员工，应及时做好岗前培训工作，帮助他们做好新的角色定位和工作转换。组织还可以给员工提供适当的工作转换缓冲期，协助员工在企业内寻找新的工作机会等，帮助员工消除组织变革带来的不确定性和工作不安全氛围的消极影响。

其次，完善企业内部的员工援助计划。员工援助计划（EAP）是组织为了帮助员工以健康的身心投入工作而设置的员工服务项目，主要为员工提供包括工作适应、工作家庭平衡以及职业生涯发展咨询等服务。实施员工援助计划可以缓解工作不安全氛围带给员工的压力，帮助员工以健康的身心投入工作，从而提高员工的绩效和企业生产管理能力，同时也能防患于未然，提高员工面对挫折与困难的心理素质，避免员工中工作不安全氛围的形成。

2. 变革管理者的视角

重视变革管理者的培养和选任。谁来领导变革与如何执行变革是重要的变革实践问题。针对变革的管理，企业要选派员工认可的变革管理者，变革型领导在组织变革期间的有效性得到了广泛认同，本研究也表明变革型领导在组织变革和工作不安全氛围间具有负向调节作用，即变革型领导可以有效降低组织变革中产生的工作不安全氛围。特别是对那些不可避免的裁员重组类变革，企业应积极选任变革型领导来提高员工对组织的信赖，增强员工对组织变革结果和自身利益能够获得保障的信心，以降低裁员重组导致的工作不安全氛围。另外，组织应对管理者进行相关培训，特别是对其他非变革型领导风格的管理者，使其真正接纳和掌握合适的变革管理措施,这将有助于降低工作不安全氛围对组织变革与变革效果带来的消极影响。

(三)重视对工作不安全氛围高敏感人群的关注

本研究发现,职位和学历与员工报告的工作不安全氛围负相关,即学历越低、职位越低的员工报告的工作不安全氛围越强。这可能由于组织变革对这一群体的冲击往往较大,其对工作不安全氛围的感知更强;也可能由于这一群体在组织中得到的支持较少;参与组织决策和获得相关信息的机会也较少,还有可能是这一群体由于自身知识水平的限制对组织信息的理解还存在一定的偏差。管理者应特别关注对工作不安全氛围高敏感的群体,企业要及时通过培训、心理疏导、员工新角色定位等恢复策略减少工作不安全氛围对其造成的负面影响。

三、研究创新

本研究的创新之处体现在以下三个方面:

(一)工作不安全氛围视角的组织变革与变革效果的中介机制研究

本研究将工作不安全氛围引入组织变革及其效果的中介机制研究,探明工作不安全氛围对变革效果的影响作用,一定程度上对影响组织变革及其效果的黑箱进行了解释。相较于已有研究,工作不安全氛围的中介研究视角进一步探讨了影响组织行为和员工行为背后的心理因素,工作不安全氛围可能是影响员工行为进而影响组织行为的根源，因此这一研究可能更接近组织变革的影响及其效果的本质。本研究也回应了对加强工作不安全氛围方面研究的呼吁（Låstad 等，2015；Hsieh 和 Kao，2022），拓展了工作不安全感领域的研究。

（二）组织变革量表和变革管理量表的修订

在进行实证研究之前，首先要解决研究工具问题。本研究按照量表修订流程，应用内容分析技术，对我国企业的组织变革量表和变革管理量表进行了修订，并对其构成维度进行了探讨。所修订的组织变革量表分为"管理改进""市场导向""裁员重组"三个维度。该量表的内涵更为丰富，既涵盖了大规模的根本性的激进式变革，也包括组织为适应外部变化而不断做出调整的渐进性的持续式变革。该量表的三个维度划分更符合变革实践，因为组织的变革往往不是单纯的技术或结构的变革，而是涵盖了多种内容的一系列变革的整合。

变革管理是一项复杂的系统的活动，已有的变革管理量表多基于西方的变革理论和实践基础，缺乏对员工视角的关注，特别是对员工心理的关注，且缺乏对变革管理具体维度的探讨。本研究立足我国企业情境，对变革管理量表进行了修订，一定程度上有利于突破西方的变革管理范式。本研究从组织和员工两个视角展开，最终形成"组织支持""员工参与"两个维度，丰富了变革管理具体维度的研究。

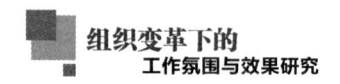

(三) 工作不安全氛围前因变量及边界条件的分析研究

在系统梳理工作不安全氛围影响因素的基础上，本研究分析了组织变革对工作不安全氛围的影响，并探究了其边界条件。

首先，相较于以往个体工作不安全感研究中笼统地用裁员等关键事件代表组织变革的情况，本研究基于修订后的组织变革量表，从"管理改进""市场导向""裁员重组"三个细分维度逐一论述了其对工作不安全氛围的影响，既能全面考察组织变革不同维度的影响效果，也能识别影响工作不安全氛围最关键的变革维度，有助于企业针对不同的组织变革内容进行管理。

其次，本研究将变革型领导与变革管理两种范式同时纳入工作不安全氛围研究，其中变革型领导与变革管理分别回答了变革执行过程中谁来领导变革与如何执行变革的问题。结果表明，变革型领导和变革管理对工作不安全氛围在组织变革与变革效果间的中介作用均起负向调节作用，从而丰富了工作不安全氛围的边界条件研究。

四、研究局限与研究展望

本研究对工作不安全氛围在组织变革及其效果间的中介机制进行了探讨，明晰了不同的组织变革维度对工作不安全氛围的影响，以及工作不安全氛围对组织绩效和员工绩效的负面作用，进一步分析了工作不安全氛围对员工绩效消极影响的作用机制，得出了较有意义的研究结论，但由于时间与资源的限制，本研究仍然存在如下研究局限，希望在未来的研究中加以完善：

（1）从研究方法来看，组织变革是一个动态的概念，但由于研究时间、经济和操作条件的限制，本研究采取了横截面设计，这不利于分析组织变革过程在工作不安全氛围和变革效果等变量间的动态影响，并且由于组织变革对结果变量的影响可能是一个较长时间的作用过程，在未来的研究中可以采用实验设计或纵向跟踪研究来探讨工作不安全氛围在变革的不同阶段的变化，以探索各变量间可能存在的动态因果关系。

本研究中的任务绩效变量由于存在明显的社会赞许倾向，员工可能会出现高估自己的行为表现，从而导致得分偏高。尽管在问卷的设计、发放以及统计分析上尽量避免了同源误差的影响，并通过分析发现同源误差并不严重，但本研究采用的自我报告调查法仍然存在一定的局限。在未来的研究中可采用自我报告和他人评估相结合的方式，丰富数据的来源。

（2）从研究样本来看，由于研究工作受人力、财力、物力、研究时间的限制，以及数据收集困难，本研究的样本虽然在总量上达到了统计分析的要求，但从研究样本的来源地来看，主要分布在成都、徐州、南京、重庆与北京，其余地区未能覆盖，这种采用方便抽样的方法，可能会对研究结论的普遍性造成影响，后续的研究可以扩大地域加以验证，或比较不同区域的样本研究结论是否存在差异。

（3）从研究内容来看，本研究也存在着一定的不足。首先，本研究重点探讨了组织变革、变革型领导、变革管理等因素对工作不安全氛围的影响，但实际上事物之间的关系是错综复杂的，并且这些因素的选择主要来源于已有的文献和访谈，并没有包括组织内的所有影响，也没有包含组织变革的所有特征。比如组织变革的动因、组织变革的激烈程度，例如激进式和渐进式变革是否对组织的工作不安全氛围有不同的影响、变革的频繁程度是否对工作不安全氛围有影响等。骆元静等（2019）认为经历的变革越少，员工越不能对变革中与组织互动的规范作出准确判断，变革本身的不确定性越强，员工自身的变革技能和经验越不成熟，主动参与变革的行为也就越少，而这影响了变革的成败。Min 等（2013）则认为变革频率的增强导致了更多的不确定性，这可能会引起不安全的感受，对持续性变革来说，很难清楚地确定变革的起始点，变革的次数也难以确定。在以后的研究中将进一步探讨变革频率在组织变革与工作不安全氛围间的调节作用。

其次，从工作不安全氛围的结果变量来看，本研究仅探讨了工作不安全氛围对组织绩效和员工绩效的影响，未来的研究可考虑通过实证研究探讨工作不安全氛围对员工态度和行为如创造力、退缩行为的影响，进一步丰富工作不安全氛围的后效研究。从调节变量的研究上，本研究缺乏对个体特征的深入探讨。在未来的研究中，可深入讨论在工作不安全氛围对员工的影响中员工个体特征的调节作用,如进一步考虑个体调节焦点的差异所带来的影响。

最后,本研究缺乏对工作不安全氛围分维度的探讨,未来可进一步探明工作不安全氛围的不同维度在研究结论上是否存在差异。

参考文献

一、中文文献

（一）著作

彼得·德鲁克. 巨变时代的管理［M］. 朱雁斌，译. 上海：上海译文出版社，2006.

大卫·弗斯. 变革管理［M］. 上海：上海远东出版社，2002.

陈晓萍，徐淑英，樊景立. 组织与管理研究的实证方法（第二版）［M］. 北京：北京大学出版社，2012.

邱浩政，林碧芳. 结构方程模型的原理与应用［M］. 北京：中国轻工业出版社，2009.

温忠麟，刘红云，侯杰泰. 调节效应和中介效应分析［M］. 北京：教育科学出版社，2012.

吴明隆. 问卷统计分析实务——SPSS 操作与应用［M］. 重庆：重庆大学出版社，2010.

(二) 期刊论文

包玉泽，谭力文，王璐. 管理创新研究现状评析与未来展望 [J]. 外国经济与管理，2013，35 (10).

曾楚宏，吴瀚. 信息技术、组织变革与企业绩效——以 RFID 技术在粤港制造企业中的应用为例 [J]. 国际经济探索，2010 (10).

曾为群. 企业管理变革中心理障碍因素与绩效之关系 [J]. 系统工程，2009 (5).

陈笃升，王重鸣. 组织变革背景下员工角色超载的影响作用：一个有调节的中介模型 [J]. 浙江大学学报（人文社会科学版），2015，45 (3).

陈亮，张小林. 变革领导力对员工变革支持行为的影响研究——工作激情的中介作用 [J]. 世界科技研究与发展，2014，36 (1).

陈瑞君，秦启文. 情绪劳动与抑郁及焦虑的关系：情绪耗竭的中介作用 [J]. 心理科学，2011 (3).

陈收，舒晴，杨艳. 环境不确定性对企业战略变革与绩效关系的影响 [J]. 系统工程，2012 (9).

陈兴华，凌文辁，方俐洛. 你的员工有安全感吗？[J]. 中国人力资源开发，2004 (4).

戴鑫. 组织变革绩效评价的相关研究评述 [J]. 现代管理科学，2006 (1).

邓志华，陈维政. 家长式领导对员工工作态度和行为影响的实证研究——以工作满意感为中介变量 [J]. 大连理工大学学报（社会科学版），2013，34（1）.

段锦云，王娟娟，朱月龙. 组织氛围研究：概念测量、理论基础及评价展望［J］. 心理科学进展，2014，22（12）.

桂琳，佟仁城. 从联想集团 ERP 项目看企业的变革管理［J］. 管理评论，2003，15（11）.

何心展，康廷虎. 组织变革的多样性管理：一种系统性框架［J］. 心理科学，2004，27（4）.

胡三嫚，刘明月，张向前. 工作不安全感对组织公民行为的影响效应研究——以组织支持感为调节变量［J］. 华侨大学学报（哲学社会科学版），2014（3）.

胡三嫚. 父母工作不安全感对大学生生活满意感的影响：父母认同感的调节作用［J］. 中国临床心理学杂志，2014，22（5）.

胡笑寒，万迪昉. 企业组织变革的影响因素及变革模式实证分析：以新创科技企业为例［J］. 数理统计与管理，2005，24（1）.

柯江林，孙健敏，李永瑞. 心理资本：本土量表的开发及中西比较［J］. 心理学报，2009，41（9）.

黎传国，陈收，毛超，等. 资源配置视角下战略调整测度及其对绩效的影响［J］. 中国管理科学，2014，22（11）.

李超平，时勘. 变革型领导的结构与测量［J］. 中国工商管理研究前沿，2008，37（4）.

李琳，陈维政. 变革型领导对国有企业改革与发展的影响作用分析——基于泸州老窖的案例研究［J］. 经济经纬，2011，28（6）.

李思颖. 宝洁公司的组织变革效果研究［J］. 时代经贸，2013（2）.

李卫宁，李莉. TMT异质性、战略变革与绩效改善的关系研究——基于绩效下滑多元化企业的数据实证［J］. 中国管理科学，2015，23（6）.

李志，李业川. 工作不安全感影响因素及对策研究［J］. 现代管理科学，2008（2）.

李作战. 中小科技型创业企业变革绩效的影响机制实证研究——以粤商创业企业为例［J］. 现代管理科学，2009（5）.

凌斌，段锦云，朱月龙. 工作场所中的心理安全：概念构思、影响因素和结果［J］. 心理科学进展，2010，18（10）9.

刘思亚. 组织变革感知、心理契约违背与知识创造绩效的关系［J］. 中国科技论坛，2014（9）.

刘文彬，井润田. 组织文化影响员工反生产行为的实证研究——基于组织伦理气氛的视角［J］. 中国软科学，2010（9）.

刘云，石金涛. 组织创新气氛与激励偏好对员工创新行为的交互效应研究［J］. 管理世界，2009（10）.

鲁虹. 减少员工对组织变革的抵制［J］. 中国人力资源开发，2005（2）.

骆元静，李燕萍，杜旌. 变革策略对员工主动变革行为的影响研究［J］. 管理学报，2019（2）.

邵仲岩. 企业组织变革效果评价［J］. 商业经济研究，

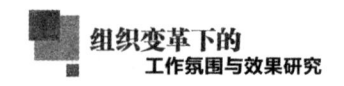

2012 (24).

孙永磊, 宋晶, 陈劲. 差异化变革型领导、心理授权与组织创造力 [J]. 科学学与科学技术管理, 2016, 37 (4).

覃成菊. 企业员工绩效影响因素: 一个新的研究框架 [J]. 河南大学学报 (哲学社会科学版), 2007, 47 (5).

汤磊, 但婕. 企业文化变革的原因、阻力及变革策略 [J]. 商场现代化, 2009 (1).

汪大海, 唐德龙. 变革管理: 管理理论与实践关注的焦点 [J]. 新视野, 2005 (2).

汪淼军, 张维迎, 周黎安. 信息技术、组织变革与生产绩效——关于企业信息化阶段性互补机制的实证研究 [J]. 经济研究, 2006 (1).

王光明, 佘文娟, 王兆云. 高中生数学元认知水平调查问卷的设计与编制 [J]. 心理与行为研究, 2016, 14 (2).

王立志, 韩福荣. 变革管理的平衡及其动力机制分析 [J]. 科研管理, 2003, 24 (2).

王霄, 李芸. 员工变革情绪反应的内涵、前因与后果 [J]. 中国人力资源开发, 2018, 35 (10).

王雁飞, 蔡如茵, 林星驰. 内部人身份认知与创新行为的关系——一个有调节的中介效应模型研究 [J]. 外国经济与管理, 2014, 36 (10).

王重鸣, 李凯. 企业组织变革特征、人力资源策略与变革应对行为的实验研究: 组织学习的视角 [J]. 应用心理学, 2011, 17 (2).

魏丽坤, 陈维政. 中国企业裁员实践的关键管理要素——

分析与反思［J］．经济管理，2015（2）．

温忠麟，叶宝娟．中介效应分析：方法和模型发展［J］．心理科学进展，2014，22（5）．

项国鹏，陈传明．知识经济条件下的企业战略变革［J］．南京社会科学，2003（5）．

许水平，尹继东．中介效应检验方法比较［J］．科技管理研究，2014（18）．

杨付，张丽华．团队沟通、工作不安全氛围对创新行为的影响：创造力自我效果感的调节作用［J］．心理学报，2012，44（10）．

姚梅芳，黄一丛，葛宝山．双元市场导向与组织绩效——创业导向的调节效应研究［J］．技术经济与管理研究，2019，270（1）．

叶明海，邱旻．基于现实的变革管理［J］．经济管理，2007（19）．

叶舒航，郭东强，葛虹．变革管理对转型企业知识转移的影响研究——知识转移战略的中介作用［J］．软科学，2014，28（6）．

叶一军，顾新，李晖，等．基于大规模订单生产模式的变革管理研究［J］．软科学，2016，30（1）．

于海波，方俐洛，凌文辁．组织研究中的多层面问题［J］．心理科学进展，2004（2）．

余坤东．组织变革动能成因及对变革效果之影响研究［J］．管理评论，2002（21）．

余薇，施必林，余雁．组织变革对组织绩效影响机制研

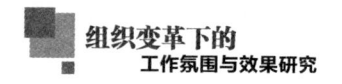

究——基于组织创新惰性的中介作用［J］．企业经济，2022，41（3）．

俞东慧，黄丽华，方针．企业变革管理模型框架及其实证研究［J］．系统工程理论方法应用，2004（2）．

张婧．市场导向组织变革的动力机制研究［J］．科研管理，2013（10）．

张敬伟，崔连广，李志刚，毛彦丽．连续变革理论述评与展望［J］．研究与发展管理，2020，32（2）．

张晓怿，王云峰，于巍．特定组织氛围研究述评与展望［J］．外国经济与管理，2016（9）．

郑明身．"持续改进管理"并非保守落伍［J］．经济管理，2006（5）．

朱其权，龙立荣．国外员工变革反应研究综述［J］．外国经济与管理，2011（8）．

朱苏丽，原彤洁，龙立荣．差异化组织变革情境下如何让员工更有创造力——基于创造力交互理论的组态分析［J］．科技进步与对策，2022，39（24）．

（三）学位论文

高敏．基于知识管理的组织变革与创新绩效关系的研究［D］．成都：西南财经大学，2011．

郭灿云．组织变革、应对方式与组织变革效果关系的研究［D］．开封：河南大学，2011．

胡浩．公司创业、组织自我调节学习与变革绩效关系研究：低碳环境视角［D］．杭州：浙江大学，2010．

胡三嫚. 工作不安全感及其对组织结果变量的影响机制 [D]. 武汉：华中师范大学，2008.

黄丽. 工作场所疏离感影响因素、形成机制及干预策略实证研究 [D]. 成都：四川大学，2013.

黄寅晨. 产业集群企业竞合策略的行为特征对变革绩效影响研究：基于组织间学习视角 [D]. 杭州：浙江大学，2011.

霍明. 复杂动态环境下企业IT能力、组织变革与绩效的关系研究 [D]. 天津：天津大学，2012.

鞠蕾. 组织变革对员工工作压力影响机制实证研究 [D]. 大连：东北财经大学，2012.

李伟. 奥奇丽集团公司物流系统变革绩效分析研究 [D]. 中山：中山大学，2009.

林静. 变革压力氛围与员工变革行为立场的关系研究：心理授权的调节机制 [D]. 杭州：浙江大学，2015.

栾春艳. 组织变革对员工绩效影响研究 [D]. 杭州：杭州电子科技大学，2011.

钱江. 组织变革行为策略协同与效果研究 [D]. 杭州：浙江大学，2010.

唐琳琳. 组织变革领导力的概念模型及其效果机制研究 [D]. 杭州：浙江大学，2009.

王琴. 组织变革认知、组织公民行为与工作绩效的关系研究 [D]. 上海：复旦大学，2008.

王兴琼. 企业组织健康及其组织内部影响因素研究 [D]. 成都：四川大学，2009.

王雪莉. 影响中国企业组织变革成功的因素研究［D］. 北京：清华大学，2003.

薛宪方. 组织变革背景下团队主动性特征与效果机制研究［D］. 杭州：浙江大学，2009.

阳爱华. 组织变革背景下组织学习与变革效果的关系［D］. 杭州：浙江大学，2011.

张京. 变革型领导与员工绩效的跨层次研究［D］. 北京：中国地质大学，2013.

郑博阳. 组织变革情境下的职业转换力及其效应机制［D］. 杭州：浙江大学，2018

朱其权. 变革管理、仁慈领导与员工变革反应［D］. 武汉：华中科技大学，2012.

二、英文文献

Alas R. The Triangular Model for Dealing with Organizational Change[J]. Journal of Change Management，2007，7(3−4).

Alhaddad S，Kotnour T. Integrating the Organizational Change Literature：A Model for Successful Change[J]. Journal of Organizational Change Management，2015，28(2).

Allen D K. Organisational Climate and Strategic Change in Higher Education：Organisational Insecurity[J]. Higher Education，2003，46(1).

Anderson N R，West M A. Measuring Climate for Work

Group Innovation: Development and Validation of the Team Climate Inventory[J]. Journal of Organizational Behavior, 1998, 19(3).

Ashford S J, Lee C, Bobko P. Content, Causes, and Consequences of Job Insecurity: A Theory-based Measure and Substantive Test[J]. Academy of Management Journal, 1989, 32(4)

Ashkanasy N M, Nicholson G J. Climate of Fear in Organisational Settings: Construct Definition, Measurement and a Test of Theory[J]. Australian Journal of Psychology, 2011, 55(1).

Baillien E, Witte H D. Why is Organizational Change Related to Workplace Bullying? Role Conflict and Job Insecurity as Mediators[J]. Economic & Industrial Democracy, 2009, 30(3).

Baltes B B, Zhdanova L S, Parker C P. Psychological Climate: A Comparison of Organizational and Individual Level Referents[J]. Human Relations, 2009, 62(5).

Barsade S G. The Ripple Effect: Emotional Contagion and its Influence on Group Behavior[J]. Administrative Science Quarterly, 2002, 47(4).

Baumeister, R. F. Bratslavsky, E. , Finkenauer, C. , & Vohs, K. D. Bad is Stronger than Good[J]. Review of General Psychology, 2001, 5(4).

Bernhard-Oettel C, De Cuyper N, Schreurs B, et al.

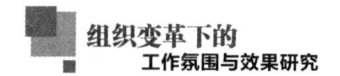

Linking Job Insecurity to Well-being and Organizational Attitudes in Belgian Workers: The Role of Security Expectations and Fairness[J]. The International Journal of Human Resource Management, 2011, 22(9).

Blau G, Tatum D S, McCoy K, Dobria L, et al. Job Loss, Human Capital Job Feature, and Work Condition Job Feature as Distinct Job Insecurity Constructs[J]. Journal of Allied Health, 2004, 33(1).

Bommer W H, Rubin R S. Changing Attitudes about Change: Longitudinal Effects of Transformational Leader Behavior on Employee Cynicism about Organizational Change[J]. Journal of Organizational Behavior, 2005, 26(7).

Bordia P, Jones E, Gallois C, et al. Management Are Aliens: Rumors and Stress during Organizational Change[J]. Group & Organization Management, 2006, 31(5).

Borg I, Elizur D. Job Insecurity: Correlates, Moderators and Measurement[J]. International Journal of Manpower, 1992, 13(2).

Brotheridge C M. The Role of Fairness in Mediating the Effects of Voice and Justification on Stress and Other Outcomes in a Climate of Organizational Change[J]. International Journal of Stress Management, 2003, 10(3).

Buchanan D, Fitzgerald L, Ketley D, et al. No Going Back: A Review of the Literature on Sustaining Organizational Change[J]. International Journal of Management Reviews, 2005, 7(3).

Bullock, Review R. J. , Batten, D. It's just a Phase We're Going Through: A and Synthesis of OD Phaseanalysis [J]. Group and Organization Studies, 1985(10).

Burchell B. Flexicurity as A Moderator of the Relationship between Job Insecurity and Psychological Well-being [J]. Cambridge Journal of Regions Economy & Society, 2009, 2(3).

Burgard S A, Brand J E, House J S. Perceived Job Insecurity and Worker Health in the United States[J]. Social Science & Medicine, 2009, 69(5).

Burke W W. Organization Change: Theory and Practice. [J]. Sage Pubns, 2008, 63(6)3.

Burnes B. ManagingChange: A Strategic Approach to Organisational Dynamics[J]. Infection & Immunity, 2000, 66(1).

Bustillo R M D, Pedraza P D. Determinants of Job Insecurity in Five European Countries[J]. European Journal of Industrial Relations, 2010, 16(1).

Cameron E, Green M. Making Sense of Change Management: A Complete Guide to the Models Tools and Techniques of Organizational Change[J]. Kogan

Page, 2009.

Carr J Z, Schmidt A M, Ford J K, et al. Climate Perceptions Matter: A Meta-analytic Path Analysis Relating Molar Climate, Cognitive and Affective States, and Individual Level Work Outcomes[J]. Journal of Applied Psychology, 2003, 88(4).

Chan, D. Functional Relations among Constructs in the Same Content Domain at Different Levels of Analysis: A Typology of Composition Models[J]. Journal of Applied Psychology, 1998(2).

Cheng H L, Chan K S. Who Suffers More from Job Insecurity? A Meta-Analytic Review [J]. Applied Psychology, 2008, 57(2).

Cuyper N D, Sora B, Witte H D, et al. Organizations' Use of Temporary Employment and a Climate of Job Insecurity among Belgian and Spanish Permanent Workers[J]. Economic & Industrial Democracy, 2009, 30(4).

Dawkins S, Martin A, Scott J, et al. Advancing Conceptualization and Measurement of Psychological Capital as a Ccollective Construct [J]. Human Relations, 2015, 68(6).

Hsieh, H.-H. , & Kao, K.-Y. Beyond Individual Job Insecurity: A Multilevel Examination of Job Insecurity Climate on Work Engagement and Job Satisfaction[J].

Stress and Health, 2022, 38(1)

Emberland, J. S., & Rundmo, T. Implications of Job Insecurity Perceptions and Job Insecurity Responses for Psychological Well-being, Turnover Intentions and Reported Risk Behavior[J]. Safety Science, 2010, 48(4).

Gandolfi F. HrStrategies that Can Take the Sting out of Downsizing-related Layoffs[J]. Ivey Business Journal, 2008(4).

Glambek M, Matthiesen S B, Hetland J, et al. Workplace Bullying as an Antecedent to Job Insecurity and Intention to Leave: A 6-month Prospective Study. [J]. Human Resource Management Journal, 2014, 24(3).

Glisson C, James L R. The Cross-level Effects of Culture and Climate in Human Service Teams[J]. Journal of Organizational Behavior, 2002, 23(6).

Gong Y, Huang J C, Farh J L. Employee Learning Orientation, Transformational Leadership, and Employee Creativity: The Mediating Role of Employee Creative Self-efficacy[J]. Academy of Management Journal, 2009, 52(4).

Green F. Unpacking the Misery Multiplier: How Employability Modifies the Impacts of Unemployment and Job Insecurity on Life Satisfaction and Mental Health[J]. Journal of Health Economics, 2011, 30(2).

Green, F. Unpacking the Misery Multiplier: How Employability Modifies the Impacts of Unemployment and Job Insecurity on Life Satisfaction and Mental Health[J]. Journal of health economics, 2011, 30(2).

Greenhalgh L, Rosenblatt Z. Job Security: toward Conceptual Clarity [J]. Academy of Management Review, 1984, 9(3).

Greenhalgh, L. and Rosenblatt, Z. Evolution of Research on Job Insecurity [J]. International Studies of Management & Organization, 2010, 40(1).

Hayes, Andrew F. An Index and Test of Linear Moderated Mediation [J]. Multivariate Behavioral Research, 2015, 50(1).

Heaney C A, Israel B A, House J S. Chronic Job Insecurity among Automobile Workers: Effects on Job Satisfaction and Health[J]. Social Science & Medicine, 1994, 38(10).

Hellgren J, Sverke M, Isaksson K. A Two-dimensional Approach to Job Insecurity:Consequences for Employee Attitudes and Well-being[J]. European Journal of Work & Organizational Psychology, 1999, 8(2).

Helpap S, Bekmeier-Feuerhahn S. Employees' Emotions in Change: Advancing the Sensemaking Approach[J]. Journal of Organizational Change Management, 2016, 29(6).

Herold D M, Fedor D B, Caldwell S, et al. The Effects of Transformational and Change Leadership on Employees' Commitment to a Change: A Multilevel Study[J]. Journal of Applied Psychology, 2008, 93(2).

Hobfoll S E. The Influence of Culture, Community, and the Nested-Self in the Stress Process: Advancing Conservation of Resources Theory[J]. Applied Psychology, 2001, 50(3).

Huang G H, Ren X. Affective Job Insecurity: A Mediator of Cognitive Job Insecurity and Employee Outcomes Relationships[J]. International Studies of Management & Organization, 2010, 40(1).

Huang GH, Niu X, Lee C. Differentiating Cognitive and Affective Job Insecurity: Antecedents and Outcomes [J]. Journal of Organizational Behavior, 2012, 33(6).

Huy Q N, Corley K G, Kraatz M S. From Support to Mutiny: Shifting Legitimacy Judgments and Emotional Reactions Impacting the Implementation of Radical Change[J]. Academy of Management Journal, 2014, 57(6).

Jiang L, Probst T M. A Multilevel Examination of Affective Job Insecurity Climate on Safety Outcomes [J]. Journal of Occupational Health Psychology, 2015, 4(9).

Kalyal, H. J. Berntson, E. , Baraldi, S. , Näswall, K. ,

&. Sverke, M. The Moderating Role of Employability on the Relationship between Job Insecurity and Commitment to Change[J]. Economic & Industrial Democracy An International Journal, 2010, 92(3).

Keim A C, Landis R S, Pierce C A, et al. Why Do Employees Worry about Their Jobs? A Meta-analytic Review of Predictors of Job Insecurity[J]. Journal of Occupational Health Psychology, 2014, 19(3).

Keim A C, Landis R S, Pierce C A. Why Do Employees Worry about Their Jobs? A Meta-Analytic Review of Predictors of Job Insecurity[J]. Journal of Occupational Health Psychology, 2014, 19(3).

Kinnunen U, Mauno S, Nätti J, et al. Organizational Antecedents and Outcomes of Job Insecurity: A Longitudinal Study in Three Organizations in Finland [J]. Journal of Organizational Behavior, 2000, 21(4).

Kinnunen U, Mauno S, Natti J, Happonen M. Perceived Job Insecurity: A Longitudinal Study among Finnish Employees [J]. European Journal of Work and Organizational Psychology, 1999, 8(2).

Kinnunen, U., Feldt, T. and Mauno, S. Job Insecurity and Self-esteem: Evidence from Cross-lagged Relations in a 1-year Longitudinal Sample[J]. Personality and Individual Differences, 2003, 35(2).

Kinnunen, U., Mkikangas, A. Mauno, S., De Cuyper,

N. and De Witte, H., Development of Perceived Job Insecurity Across Two Years: Associations with Antecedents and Employee Outcomes[J]. Journal of Occupational Health Psychology, 2014, 19(2).

Knabe A, Rätzel S. Scarring or Scaring? The Psychological Impact of Past Unemployment and Future Unemployment Risk[J]. Economica, 2011, 78(310).

Koene, B. A. S., Vogelaar, A. L. W., & Soeters, J. L. Leadership Effects on Organizational Climate and Financial Performance:Local Leadership Effect in Chain Organizations[J]. Leadership Quarterly, 2002, 13(3).

Kohli A K. Jaworski B. J. Market Orientation: The Construct, Research Propositions and Managerial Implications[J]. Journal of Marketing, 1990, 54(4).

Kotter J P, Cohen D S. The Heart of Change: Real-life Stories of How People Change Their Organizations[J]. Public Relations Review, 2003, 29(3).

Kotter J P. A Force for Change: How Leadership Differs from Management[J]. Harvard Business Review, 1990, 9(12).

Kotter J P. Leading Change:Why Transformation Efforts Fail[J]. Harvard Business Review, 1995, (73).

Kuenzi M, Schminke M. Assembling Fragments Into a Lens: A Review, Critique, and Proposed Research Agenda for the Organizational Work Climate Literature

[J]. Journal of Management, 2009, 35(3).

Låstad L, Berntson E, Näswall K, et al. Measuring Quantitative and Qualitative Aspects of the Job Insecurity Climate: Scale Validation [J]. Career Development International 2015, 20(3).

Låstad L, Swall K N, Berntson E, et al. The Roles of Shared Perceptions of Individual Job Insecurity and Job Insecurity Climate for Work and Health-related Outcomes: A Multilevel Approach [J]. Economic & Industrial Democracy, 2016, 3(3).

Låstad, L., Berntson, E., Naswall, K. and Sverke, M. Do Core Self-evaluations and Copingstyle Influence the Perception of Job Insecurity? [J]. European Journal of Work and Organizational Psychology, 2014, 23(5).

Låstad, L., Elst, T. V. & Witte, H. D. On the Reciprocal Relationship between Individual Job Insecurity and Job Insecurity Climate [J]. Career Development International, 2016, 21(3).

Lee C, Bobko P, Chen Z X. Investigation of the Multidimensional Model of Job Insecurity in China and the USA[J]. Applied Psychology, 2006, 55(4).

Lehmann-Willenbrock N, Allen J A. How Fun are Your Meetings? Investigating the Relationship between Humor Patterns in Team Interactions and Team Performance[J]. Journal of Applied Psychology, 2014,

99(6).

Lewin K. Frontiers in Group Dynamics [J]. Human Relations, 1947, 1(2).

Liu, Y., & Perrewe', P. L. Another Look at the Role of Emotion in the Organizational Change: A Process Model [J]. Human Resource Management Review, 2005(15).

Maçães, M. A. R. & Román-Portas, M. The Effects of Organizational Communication, Leadership, and Employee Commitment in Organizational Change in the Hospitality Sector [J]. Communication & Society, 2022, 35(2).

Malcolm Higgs, Deborah Rowland. All Changes Great and Small: Exploring Approaches to Change and its Leadership[J]. Journal of Change Management, 2005, 5(2).

Mantler J, Matejicek A, Matheson K, Anisman H. Coping with Employment Uncertainty: A Comparison of Employed and Unemployed Workers [J]. Journal of Occupational Health Psychology, 2005, 10(3).

Martin E. Smith. Success Rates for Different Types of Organizational Change[J]. Performance Improvement, 2002, 41(1).

Mason, Claire M, Griffin, et al. Group Absenteeism and Positive Affective Tone: A Longitudinal Study [J]. Journal of Organizational Behavior, 2003, 24(6).

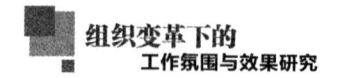

Mathieu J E, Chen G. The Etiology of the Multilevel Paradigm in Management Research [J]. Journal of Management, 2011, 37(2).

Mauno S, De Cuyper N, Tolvanen A. Occupational Well-being as a Mediator between Job Insecurity and Turnover Intention: Findings at the Individual and Work Department Levels[J]. European Journal of Work and Organizational Psychology 2013, 23(3).

Mauno S, Kinnunen U, Makikangas A, Natti J. Psychological Consequences of Fixed-term Employment and Perceived Job Insecurity among Health Care Staff [J]. European Journal of Work and Organizational Psychology, 2005, 14(3).

Meltzer H, Bebbington P, Brugha T, et al. Job Insecurity, Socio-economic Circumstances and Depression [J]. Psychological Medicine, 2010, 40(8).

Meyer C B, Stensaker I G. Developing Capacity for Change[J]. Journal of Change Management, 2006, 6(2).

Min Z C, Armenakis A A, Feild H S, et al. Transformational Leadership, Relationship Quality, and Employee Performance during Continuous Incremental Organizational Change [J]. Journal of Organizational Behavior, 2013, 34(7).

Mol M J, Birkinshaw J. The Sources of Management

Innovation: When Firms Introduce New Management Practices [J]. Journal of Business Research, 2009, 62 (12).

Morgan D, Zeffane R. Employee Involvement, Organizational Change and Trust in Management [J]. International Journal of Human Resource Management, 2003, 14(1).

Näswall K, Sverke M, Hellgren J. The Moderating Role of Personality Characteristics on the Relationship between Job Insecurity and Strain [J]. Work & Stress, 2005, 19(1).

Naswall, K. and De Witte, H. Who Feels Insecure in Europe? Predicting Job Insecurity from Background Variables [J]. Economic and Industrial Democracy, 2003, 24(2).

Oreg, S., BartuneK. J. M., Lee, G., & Do, B. An Affect-based Model of Recipients' Responses to Organizational Change Events [J]. Academy of ManagementReview, 2018, 43(1).

Petrou, P., Demerouti, E., & Schaufeli, W. B. Crafting the Change: The Role of Employee Job Crafting Behaviors for Successful Organizational Change [J]. Journal of Management, 2018, 44(5).

P. M. & Organ D. W. Self-reports in Organizational Research: Problems and Prospects [J]. Journal of

Management: Official Journal of the Southern Management Association, 1986, 12(4).

Probst T M. Development and Validation of the Job Security Index and the Job Security Satisfaction Scale: A Classical Test Theory and IRT Approach[J]. Journal of Occupational & Organizational Psychology, 2003, 76(4).

Probst T M. Layoffs and Tradeoffs: Production, Quality, and Safety Demands under the Threat of Job Loss[J]. Journal of Occupational Health Psychology, 2002, 7(3).

Rimé B. The Social Sharing of Emotion as an Interface Between Individual and Collective Processes in the Construction of Emotional Climates [J]. Journal of Social Issues, 2010, 63(2).

Rosenblatt Z, Ruvio A. A Test of a Multidimensional Model of Job Insecurity: The Case of Israeli Teachers [J]. Journal of Organizational Behavior, 1996, 17(S1).

Salancik, G. R. and Pfeffer, J. A Social Information Processing Approach to Job Attitudes and Task Design [J]. Administrative Science Quarterly, 1978, 23(2).

Schaufeli W B, Salanova M, Gonzálezromá V. The Measurement of Engagement and Burnout: A Two Sample Confirmatory Factor Analytic Approach [J]. Journal of Happiness Studies, 2002, 3(1).

Schaufeli, W. B. The Measurement of Work Engagement with a Short Questionnaire: A Cross-National Study[J]. Educational and Psychological Measurement, 2006, 66(4).

Schneider B, Brief A P, Guzzo R A. Creating a Climate and Culture for Sustainable Organizational Change[J]. Organizational Dynamics, 1996, 24(4).

Selenko E, Mäkikangas A, Mauno S. How Does Job Insecurity Relate to Self-reported Job Performance? Analysing Curvilinear Associations in a Longitudinal Sample[J]. Journal of Occupational and Organizational Psychology, 2013, 86(4).

Self D R, Armenakis A A, Schraeder M. Organizational Change Content, Process, and Context: A Simultaneous Analysis of Employee Reactions[J]. Journal of Change Management, 2007, 7(2).

Seo M G, Taylor M S, Hill N S. The Role of Affect and Leadership during Organizational Change [J]. Personnel Psychology, 2012, 65(1).

Shah A, Sterrett C, Chesser J, et al. Meeting the Need for Employee Development in the 21st Century[J]. Sam Advanced Management Journal, 2001, 66(6).

Short J L. Leader-organization Fit as a Predictor of Job Satisfaction, Work Commitment, and Job Insecurity [J]. Dissertations & Theses-Gradworks, 2015.

Smet K, Elst T V, Griep Y, et al. The Explanatory Role of Rumours in the Reciprocal Relationship between Organizational Change Communication and Job Insecurity: A Within-person Approach[J]. European Journal of Work & Organizational Psychology, 2016, 25(5).

Sora B, Cuyper N D, Caballer A, et al. Outcomes of Job Insecurity Climate: The Role of Climate Strength[J]. Applied Psychology, 2013, 62(3).

Sora, B. , Caballer, A. , Peiró, J. M. and De Witte, H. Job Insecurity Climate's Influence on Employees' Job Attitudes:Evidence from Two European Countries[J]. European Journal of Work and Organizational Psychology, 2009, 18(2).

Staufenbiel T, König C J. A Model for the Effects of Job Insecurity on Performance, Turnover Intention, and Absenteeism [J]. Journal of Occupational & Organizational Psychology, 2010, 83(1)7.

Størseth F. Changes at Work and Employee Reactions: Organizational Elements, Job Insecurity, and Shor-term Stress as Predictors for Employee Health and Safety [J]. Scandinavian Journal of Psychology, 2006, 47(6).

Sverke M, Hellgren J. The Nature of Job Insecurity: Understanding Employment Uncertainty on the Brink of a New Millennium [J]. Applied Psychology: An

International Review, 2002, 51(1).

Sverke, M., Hellgren, J. and Naswall, K. No Security: A Meta-analysis and Review of Job Insecurity and Its Consequences [J]. Journal of Occupational Health Psychology, 2002, 7(3).

Szamosi L T, Duxbury L. Development of a Measure to Assess Organizational Change [J]. Journal of Organizational Change Management, 2002, 15(2).

Tims M, Bakker A B, Derks D. Development and Validation of the Job Crafting Scale [J]. Journal of Vocational Behavior, 2012, 80(1).

Tsoukas H, Chia R. On Organizational Becoming: Rethinking Organizational Change [J]. Organization Science, 2002, 13(5).

Tsui A S, Pearce J L, Porter L W. Alternative Approaches to the Employee-Organization Relationship: Does Investment in Employees Pay off? [J]. Academy of Management Journal, 1997, 40(5).

Van Mierlo H, Vermunt J K, Rutte C G. Composing Group-level Constructs from Individual-level Ssurvey Data. [J]. Organizational Research Methods, 2009, 12(2).

Vander Elst, T., Baillien, E. De Cuyper, N. and De Witte, H., The Role of Organizational Communication and Participation in Reducing Job Insecurity and its

Negative Association with Work-related Well-being[J]. Economic and Industrial Democracy, 2010, 31(2).

Wallace, J., Edwards, B., Paul, J., et al. Change the Referent? A Ytic Investigation of Direct and Referent-shift Consensus Models for Organizational Climate [J]. Journal of Management, 2016, 42(4).

Wang D, Tsui A S, Zhang Y, et al. Employment Relationships and Firm Performance: Evidence from an Emerging Economy [J]. Journal of Organizational Behavior, 2003, 24(5).

Wang X, Howell J M. Exploring the Dual-level Effects of Transformational Leadership on Followers[J]. Journal of Applied Psychology, 2010, 95(6).

Weick K E, Quinn R E. Organizational Change and Development[J]. Annual Review of Psychology, 1999(50).

Witte H D, Näswall K. Objective' vs 'Subjective' Job Insecurity: Consequences of Temporary Work for Job Satisfaction and Organizational Commitment in Four European Countries[J]. Economic & Industrial Democracy, 2003, 24(2).

Witte H D, Pienaar J, Cuyper N D. Review of 30 Years of Longitudinal Studies on the Association Between Job Insecurity and Health and Well-Being: Is There Causal Evidence?[J]. Australian Psychologist, 2016, 51(1).

Witte H D. Job Insecurity: Review of the International Literature on Definitions, Prevalence, Antecedents and Consequences[J]. Sa Journal of Industrial Psychology, 2005, 31(4).

Witte, H D. Job Insecurity and Psychological Well-being: Review of the Literature and Exploration of some Unresolved Issues[J]. European Journal of Work and Organizational Psychology, 1999, 8(2).

Woodman, R. W. Organizational Change and Development: New Arenas for Inquiry and Action[J]. Journal of Management, 1989(15).

Yang L Q, Liu C, Nauta M M, et al. Be Mindful of What You Impose on Your Colleagues: Implications of Social Burden for Burdenees' Well-being, Attitudes and Counterproductive Work Behaviour[J]. Stress & Health Journal of the International Society for the Investigation of Stress, 2014, 32(1).

Yeo R K. Electronic Government as a Strategic Intervention in Organizational Change Processes[J]. Journal of Change Management, 2009, 9(3).